U0926991

发展现代交通运输业

——新时期公路水路交通发展的新战略

人民交通出版社

图书在版编目（C I P）数据

发展现代交通运输业：新时期公路水路交通发展的新战略/《发展现代交通运输业：新时期公路水路交通发展的新战略》编写组编 .—北京：人民交通出版社，2008.8

ISBN 978-7-114-07235-2

Ⅰ.发…　Ⅱ.发…　Ⅲ.①公路运输－交通运输经济－经济发展战略－研究－中国②水路运输－交通运输经济－经济发展战略－研究－中国　Ⅳ.F542.3　F552.3

中国版本图书馆 CIP 数据核字（2008）第 090392 号

书　　名：发展现代交通运输业——新时期公路水路交通发展的新战略
著 作 者：本书编写组
责任编辑：李　萍
文字编辑：栗光华
出版发行：人民交通出版社
地　　址：（100011）北京市朝阳区安定门外外馆斜街 3 号
网　　址：http：//www.ccpress.com.cn
销售电话：（010）59757969，59757973
总 经 销：北京中交盛世书刊有限公司
经　　销：各地新华书店
印　　刷：北京交通印务实业公司
开　　本：787×960　1/16
印　　张：15.75
字　　数：127 千
版　　次：2008 年 8 月　第 1 版
印　　次：2008 年 10 月　第 2 次印刷
书　　号：ISBN 978-7-114-07235-2
印　　数：3001—5000 册
定　　价：35.00 元

本书编写组人员名单

主　　编：翁孟勇

副 主 编：孙国庆

编写组成员：周　伟　戴东昌　胡平贤　徐　光

周晓航　石宝林　洪晓枫　李　扬

徐　丽　程天成　鲍鑫荣　魏　凤

贾大山　李晓峰　谢　燮　赵新惠

肖荣娜　方　然　崔　敏　虞明远

朱建华　欧阳斌

序言

Xuyan

发展现代交通运输业是交通运输部党组站在新的历史起点上，紧紧抓住国家加快发展服务业的历史机遇，在深刻认识当前我国交通运输发展阶段性特征的基础上，为深入贯彻落实科学发展观，进一步提高交通运输服务国民经济和社会发展全局、服务社会主义新农村建设、服务人民群众安全便捷出行的能力和水平，推进交通运输业又好又快发展的重要战略举措。

发展现代交通运输业，就是要用现代科学技术和管理技术改造和提高交通基础设施、运输装备的现代化水平和运营效能；适应现代服务业发展要求，不断拓展交通服务领域，努力提升交通服务水平；走资源节约、环境友好发展之路，促进综合运输体系发展，提高交通运输现代化水平。

发展现代交通运输业，关键在于促进交通运输发展方式的根本性转变，就是要推进交通发展由主要依靠基础设施投资建设拉动向建设、养护、管理和运输服务协调拉动转变，由主要依靠增加物质资源消耗向科技进步、行业创新、从业人员素质提高和资源节约环境友好转变，由主要依靠单一运输方式的发展向综合运输体系发展转变，加快交通运输现代化进程。

部组织有关科研单位开展了《公路水路交通由传统产业向现代服务业转型战略研究》，并在课题研究的基础上，编撰了《发展现代交通运输业》一书。该书对发展现代交通运输业的战略背景、内涵实质、总体要求及重点任务作了较深入的探讨，对于深刻理解发展现代交通运输业战略和学习贯彻《关于加快发展现代交通业的若干意见》具有一定的参考价值。

推进现代交通运输业发展是一项创新性很强的工作，各级交通主管部门和广大干部职工要提高认识，深刻领会，勇于探索，积极实践，结合实际抓好落实，不断创造出好的经验和好的做法。

中华人民共和国交通运输部部长

二〇〇八年六月十六日

目 录

Mulu

第一章　中国公路水路交通发展回顾

交通运输业是国民经济的基础性、先导性产业和服务性行业，在整个经济社会的运行中发挥着关键作用。新中国建立以来，特别是改革开放后，中国交通运输面貌发生了翻天覆地的变化，取得了举世瞩目的重大成就，交通基础设施落后和运输能力不足的状况得到极大改善，交通对经济社会发展的瓶颈制约逐步得到缓解。回顾总结中国交通发展的历程和经验，是我们认清形势、把握规律、制定新时期交通发展战略的重要基础。

第一节　发展历程回顾

回顾建国以来中国交通发展历程，公路水路交通发展大体上经历了"恢复"和"普及"、"缓解"和"提高"、"提升"和"跨越"三个阶段。在不同阶段，交通发展处于不同的经济社会发展背景，面临不同的突出矛盾，也有着不同的主导思想和战略重点。

一、改革开放前，"恢复"和"普及"阶段

从新中国成立到改革开放之前，中国处于工业化准备阶段和工业化初期。1949—1952年的三年国民经济

恢复时期，可视为工业化准备期；1953 年开始第一个五年计划以后，进入工业化初期。1958—1977 年受到一系列非经济历史事件的冲击。十年动乱使国民经济走到崩溃边缘，交通运输发展也受到严重影响，最终形成这一时期公路水路交通发展整体落后的局面。

建国初期，面对百废待兴的局面，国家发展的主要任务是巩固政权、恢复经济、重建国民经济体系，交通发展主要以恢复国民经济、改善人民生活和巩固国防为重点，交通运输作为经济发展的基础，得到各级政府的重视，获得优先发展，建成了一大批重点基础设施建设项目，满足了经济恢复需要。

随后，中国选择了以重工业为导向的经济发展战略，有限的交通建设投资集中投向铁路，公路水路交通投资比重下降，大跃进后交通运输就出现了全面紧张状况。在随后的经济调整时期，提出了“地、群、普”[1]交通发展方针，推动了交通基础设施规模的扩大和运输能力的提高。

1971 年，随着中国在联合国合法地位的恢复，对外贸易迅速扩大，加上东北石油资源的开发和外运，带来海上运输量的迅猛增长，在全国出现了普遍性的港口严重堵塞问题。在这种情况下，1973 年中央提出“三年改变港口面貌”的口号，加大了对港口的建设投资，全国

---

[1] “地、群、普”的交通发展方针，即坚决依靠各级地方党委的领导，大搞群众运动，充分发挥广大群众和广大职工的积极性和创造性，使普及和提高相结合而目前以普及为主，高速度地发展交通事业，尽快建成中国以现代工具为主的四通八达的运输网，更好地为工农业生产、广大人民和国防建设服务。

经历了一次建港高潮，以重点解决在经济发展和对外贸易中逐渐显现的港口能力与能源、外贸运输要求严重不适应的问题。

这一阶段，初步建立了公路水路交通管理体系和管理制度。全国从上到下建立了交通管理机构，并建立了设计、施工和养护的专业队伍，同时颁布了一系列的重要法规，各级交通管理机构补充制定了各项管理制度和技术规范；进行了全国公路普查，恢复改善了原有公路，公路建设有所调整、巩固、充实和提高，县乡公路得到一定发展。但由于公路、水路交通建设以恢复、改善、扩大建设为主，缺少长远规划，投资完全依靠政府，投入十分有限；公路、水路运输由国有运输企业主导，政府主要以计划手段来组织运输生产活动，运输需求受到很大抑制。

这一时期，交通发展在百废待兴的背景下，围绕解决最基本的有无问题，采取了以“恢复”和“普及”为特征的方针和政策，实现了公路水路基础设施的初步发展，为恢复经济、建立新的国民经济体系提供了支撑。但由于交通基础设施等级低，运输装备落后，交通基础设施和运输保障能力十分薄弱，只能初步解决人员和货物的出行问题，在较低水平上满足了经济社会发展的需要。

二、改革开放初期，“缓解”和“提高”阶段

改革开放以后，经济发展速度加快，交通发展长期滞后的影响充分反映出来，交通运输全面紧张，成为当时国民经济的突出薄弱环节，严重制约着国民经济的发展。

1978年党的十一届三中全会确定了改革开放的基本国策，经济体制和建设重点发生了变化，国家开始对高度集权的计划经济体制进行了渐进的、但带有根本性的变革。在国民经济体系初步建立的基础上，国家实施对外开放、对内搞活的经济战略，改变了优先发展重工业的战略，开始注重轻工业、农业和交通运输业的发展。20世纪70年代末中国开始加强同美国等西方国家的经济、贸易关系，对外贸易急剧增长，远洋运输开始兴起，加快了沿海港口建设。国家把港口建设作为国民经济发展的一个战略重点，并确立了对外开放的港口发展战略，开始大量引进外资投资建港建码头，重点解决发展问题。这一时期港口建设进入了高速发展时期。

到了20世纪80年代中前期，社会在如何发展交通运输的问题上有了更进一步的认识，调整运输结构成为当时的热门话题。为加快公路和港口等基础设施的建设步伐，1980年交通部编制了《1981年至1990年十万公里国道网规划》。1981年国家计委、国家经委和交通部联合发出《关于划定国家干线公路网(试行)》的通知，划定了国家干线公路网，并要求各地试行。国家干线公路网的划定从功能和布局上确定了全国公路网的基本构架，为制定国家干线公路的建设规划，有计划有目标地分期分批进行修建奠定了基础。自此，中国干线公路建设开始步入了规划指导下的发展历程。1982年交通部结合国民经济和公路交通发展的实际情况，提出了"全面规划,加强养护,积极改善,重点发展,保证畅通"和"普及与提高相结合,以提高为主"的建设方针,并开始着手国道网的规划工作。为缓解运输供给不足,1983 年交通部提出"有路大家行车,有水大家行船"、"国家、集体、个人一起上",开放了交通运输市场,调动了社会力量从事运输的积极性,极大地解放了运输生产力。

为扩大建设资金来源,20 世纪 80 年代中期,在国务院支持下,连续出台了提高养路费征收标准、开征车辆购置附加费(税)、港口建设费、公路客货运附加费、实行"贷款修路、收费还贷"等政策,形成了"国家投资、地方筹资、社会融资、引进外资"的多元化交通投融资格局,促进了公路水路交通基础设施建设。

专栏 1:改革开放后全面紧张的交通运输形势

1988 年中国科协组织百余位专家和学者经过调研和分析向中共中央、国务院报送了《关于加快发展中国交通运输的建议》,概括当时的运输形势是:全面紧张,危机四伏。其主要标志是,干线公路能力严重不足,许多干线公路的交通量超过设计标准的 1 ~2 倍,危险桥梁 4 200 多座。沿海港口能力严重不足,压船、压港、压货现象不断发生,外贸船平均在港停泊天数长达 6 ~7 天,船舶作业与待作业之比高达 1: 2.5;长江和沿海客轮超载也经常在 30% 左右,有时高达 50% ~70%。

1989 年,交通部党组进一步提出了"三主一支持"长远发展规划,即建设公路主骨架、水运主通道、港站主枢纽和交通支持保障系统的基本设想和长远规划，为加快交通基础设施的发展奠定了基础。

专栏2："三主一支持"长远发展规划

根据党中央制定的中国社会主义现代化建设大体分三步走的战略目标和经济发展的战略部署，从中国交通运输的现状出发，交通部在发展以综合运输体系为主轴的交通运输业总方针指导下，按照"统筹规划、条块结合、分层负责，联合建网"的方针，于1989年提出从"八五"开始，用几个五年计划的时间，建设中国的"公路主骨架，水运主通道，港站主枢纽和交通支持保障系统"(简称"三主一支持")。其中公路主骨架即"五纵七横"12条国道主干线；水运主通道为"两纵三横"的沿海南北主通道和京杭运河、淮河主通道，长江、西江及其支流及黑龙江、松花江主航道；港站主枢纽为主通道、主骨架以及铁路、航空干线交汇处的43个港口、45个站场；支持保障系统包括安全监督、通信导航、救助打捞、公安消防、信息服务、交通教育、科技进步等七个部分。

期间交通运输投资占全国投资总额的比重逐步提高，交通基础设施规模和运输能力扩大较快，交通运输业完成的客货运输量增加幅度较大，但仍不能满足国民经济和社会快速发展需要，基础设施总量和运力严重不足，"运货难"、"行路难"成为当时社会生产与人民生活突出的问题之一。

随着改革开放条件下商品经济的活跃与发展，公路水路运输率先打破行业封闭的状态，单一所有制主体的经营模式被打破，依法成立的集体、私营个体和中外合资运输户大量进入市场，交通主管部门也开始从对企业的管理转变为对整个运输行业的管理。内河航运方面，为强化宏观管理和规划工作，交通部先后设立主要水系的航运规划办公室，组织编制并批复了长江、珠江、黄河、黑龙江和松辽等水系的航运规划报告，为主要水系的航运开发提供了规划依据。道路运输方面，政府更多地通过改革让市场在运输资源配置中发挥基础性作用，全面开放道路运输市场，下放旅客运输审批权限，取消货运运力额度控制，鼓励非公有资本在道路运输业中的发展，为道路运输生产力的增长拓展了空间。

这一时期，**交通发展在长期滞后的背景下，围绕解决总量严重不足的问题，采取了以“缓解”和“提高”为导向的战略和政策，实现了较快发展，为改革开放、加快经济建设创造了条件，充分显现了交通的基础性作用。但面对经济持续高速增长带来的运输需求的大幅度提高，基础薄弱的交通运输始终不能摆脱全面紧张状态。**

三、20世纪90年代以来，“提升”和“跨越”阶段

1992年邓小平同志南巡讲话后，中国改革开放和社会主义现代化建设进入了新的发展阶段，国家将工作重点逐步转移到经济结构的战略性调整，提高经济增长质量和效益上来。中国工业化水平不断提高，市场竞争格局出现了显著变化，经济结构尤其是产业结构逐步调

整升级，对交通运输业提出了新的要求，从而越来越关注运输速度、安全和质量等。人民群众对交通的要求开始由“运得了、走得了”向“运得好、走得好”转变。

1998 年交通行业抓住国家实施积极财政政策的机遇，加快交通基础设施建设，高等级公路快速发展，专业化深水码头泊位迅速增加，推进了公路网、航道网、港口群的全面发展。在国道主干线系统主体建设取得重大进展之际，为适应中国经济社会发展需要，交通部制定了国家重点公路建设规划，确定了后续干线公路建设的重点。此外，为服务西部大开发的需要，在国家重点公路建设规划的基础上又制定了具有“横贯东西、纵贯南北、通江达海、连接周边国家”功能的“四纵四横”的西部开发省际公路通道建设规划。这两个建设规划明确了这一时期中国公路建设的优先次序。

“十五”时期，交通行业认真贯彻落实党中央、国务院一系列重大战略部署，坚持落实科学发展观，交通事业保持了持续快速健康发展的好势头，基础设施规模不断扩大，运输保障能力不断增强，在综合运输体系中的地位和作用进一步加强，为促进经济社会发展和人民生活水平的提高作出了巨大贡献。全社会累计完成交通建设投资 21 957 亿元，年均增长 18.7%，超过了建国后 51 年完成的投资总和，是“九五”期间完成投资的 1.92 倍。其中，公路建设完成 19 505 亿元，沿海港口建设完成 1 313 亿元，内河建设完成 326 亿元，分别是“九五”期的 2 倍、2.7 倍和 1.3 倍。

公路水路客货运输量也在不断增加，从1978—2007年的变化情况如图1～图4所示。

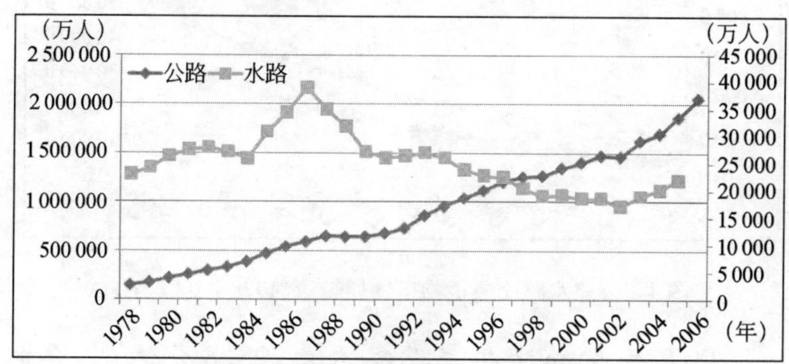

图1　公路水路交通旅客运输量（1978—2007年）

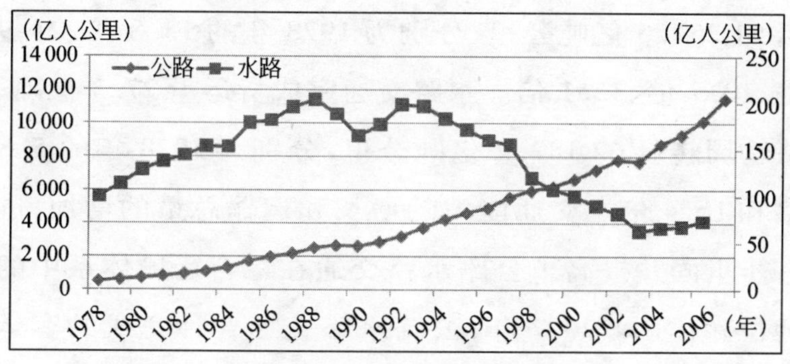

图2　公路水路交通旅客运输周转量（1978—2007年）

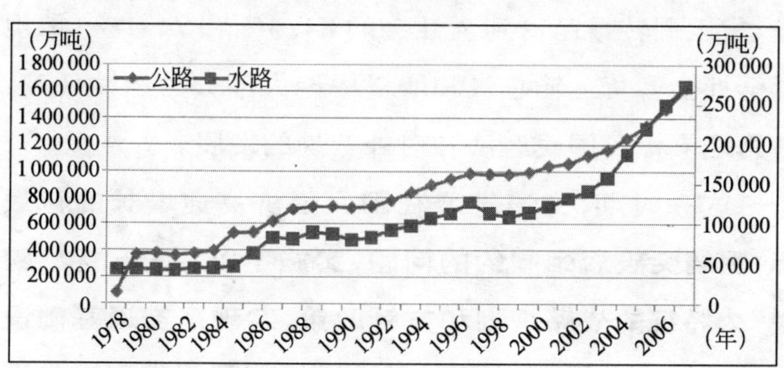

图3　公路水路交通货物运输量（1978—2007年）

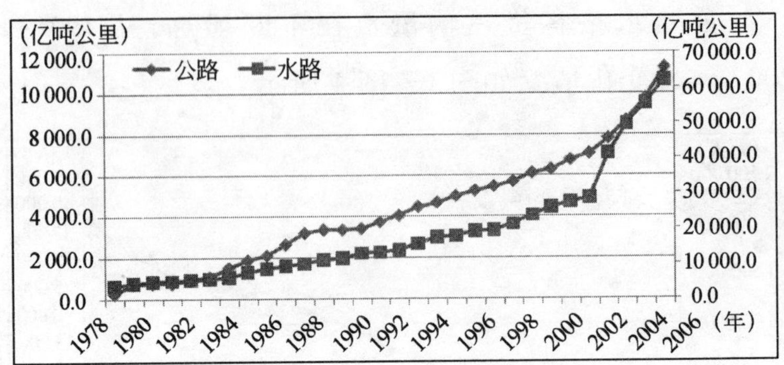

图4　公路水路交通货物运输周转量(1978—2007年)

2007年,公路交通完成客运量205.8亿人次、客运周转量11 445亿人公里,货运量162.8亿吨、货物周转量11 257.6亿吨公里,分别为1978年的13.8倍、21.9倍、10.7倍、32.1倍。水路交通完成货运量27.3亿吨、货物周转量62 182.2亿吨公里,分别为1978年的5.8倍和16.4倍。交通能力的增长和运输总量的增加,进一步巩固并提高了公路水路交通在综合运输体系中的地位和作用。2007年,公路水路交通合计完成的客运量、客运周转量已占到全社会的93%和53.5%,货运量、货运周转量已占到全社会的84.4%和74.1%,承担了全社会客货运输总量和增量中绝大部分的运输任务,有力地支撑了国民经济和对外贸易的发展。

这一时期,交通发展在国民经济高速增长的背景下,围绕突破瓶颈制约的问题,实施了以"提升"和"跨越"为特征的战略规划和方针政策,实现了交通基础设施的跨越式发展,交通运输的全面紧张局面得到逐步缓解,为经济社会发展提供了更有力的支撑。此阶段交通

的基础性作用得到进一步发挥，并且随着高等级交通网络规模的扩大，交通的先导性作用得到充分显现，然而，近年来运输服务滞后、资源环境制约的矛盾开始凸显，交通发展又面临着新的挑战。

第二节　发展经验总结

回顾建国以来中国交通发展的历程，可以看到交通在不同的发展阶段，面对不同的发展环境和问题，选择了相应的发展方针与政策。在发展过程中，有许多成功的做法，积累了很多宝贵的经验，集中体现在以下四个方面。

一、发展是交通工作的第一要务

发展是硬道理，这是中国改革开放以来经济社会发展取得巨大成就的重要经验，也被交通跨越式发展的实践所证明。扩大规模、提高质量是发展，加强管理、改善服务也是发展，突破资源约束、强化科技支撑、提供人才保障还要靠发展。依靠发展的手段，不断解决前进中的问题和矛盾，这在交通发展的各个阶段都有鲜活的例证。

二、科学谋划是交通持续健康发展的前提

“凡事预则立，不预则废”。要实现交通事业持续快速健康发展，适应经济社会发展需要，必须制定科学的发展战略和规划。20 世纪 80 年代末制定的公路水路交通“三主一支持”发展长远规划，引领了交通的跨

越式发展；进入新世纪，相继制定出台了《国家高速公路网规划》、《全国农村公路建设规划》、《全国沿海港口布局规划》等一系列国家交通发展规划，为交通的长远发展指明了方向。正因为如此，交通发展才能始终沿着正确的道路，保持正确的方向，才能保证交通发展的前瞻性、科学性和系统性，这是交通发展的一条成功经验。

专栏3：国家高速公路网规划的制定

2004年12月17日，《国家高速公路网规划》经国务院审议通过。国家高速公路网采用放射线与纵横网格相结合的布局形态，构成由中心城市向外放射以及横连东西、纵贯南北的公路交通大通道，简称为"7918网"，总规模约为8.5万公里，其中主线6.8万公里，地区环线、联络线等其他路线约1.7万公里。规划的出台将对中国经济社会的发展以及公众的生活方式和质量产生重大而深远的影响，它绘就了中国高速公路长远发展和交通运输现代化的战略蓝图，标志着中国高速公路发展进入了新的历史阶段。

三、开拓创新是交通发展的持久动力

交通发展取得巨大成就，重要一点就是交通行业勇于创新、不断开拓。在交通发展的过程中，就是通过不断提升发展理念，不断推进科技进步，不断完善适应社会主义市场经济要求的体制机制，不断提出符合国家战略的发展政策，用新理念、新思路、新举措不断推进交通工作。交通的每一次创新，都极大地推动了交通事业的进步和发展。

专栏4:技术创新是导致中国交通革命的一大推动力

中国作为现代化“追赶者”,相对于西方国家有很大“后发优势”。这是因为技术创新成本高于引进成本。当主要发达国家,如美国大规模发展铁路交通的时代,汽车才刚刚诞生,航空技术还没出现。当美国大规模发展高速公路时,小型计算机刚研制成功。我们改革开放以来开始大规模的交通建设,直接建筑在西方已有的技术基础之上,而且伴随着全球化进程,中国获取全球技术越来越便捷。

改革开放以来,交通基础设施建设和运输生产管理中广泛应用现代技术,并在技术研究和推广中取得了重要进展。例如,中国在高等级公路建设成套技术、特大跨径桥梁和长大隧道建设技术、深水筑港技术、巨型河口航道整治技术等方面的突破,计算机辅助设计技术、卫星定位和航测遥感技术在交通领域中的集成应用,有力保障了中国高速公路、深水港口和内河航道的建设以及大型河口通海航道的治理。集装箱运输成套技术、内河分节驳顶推运输成套技术等成果的应用,促进了交通运输质量、服务和效益的提高,有力支撑了公路水路交通的快速发展。

四、把握机遇是实现交通快速发展的关键

发展需要机遇,实现超常规的快速发展更要抓住机遇。实践中既要善于发现机遇,也要善于把握机遇,还要善于创造机遇。比如,交通行业抓住了西部大开发的

机遇,加快了西部地区国道主干线和西部通道的建设,及乡村油路建设;抓住了振兴东北老工业基地和建设中部地区商品粮基地的机遇,加快了这些地区的交通基础设施建设;抓住了胡锦涛总书记视察湛江港作出重要指示的机遇,掀起了新一轮港口建设的高潮,等等。交通发展之所以能够抓住每一次机遇,得益于我们长期注重认识和把握交通发展的规律性,增强了前瞻性和预见性,也得益于准确理解中央的重大战略部署,迅速贯彻并创造性地落实到交通工作中。

归纳起来,交通运输发展的基本经验就是:**始终把发展作为交通工作的第一要务,坚持立足中国国情和交通发展实际,善于把握和抓住机遇,积极适应经济社会发展和人民群众对交通提出的新要求,以前瞻的战略指导交通,以科学的规划布局交通,以创新的举措推进交通,走中国特色的交通发展之路。**

第二章　发展现代交通运输业的战略背景

形势分析是制定战略的前提。胡锦涛总书记把多年来中国共产党保持先进性的首要经验归纳总结为："坚持科学发展观，全面判断时代特征，正确把握发展趋势，科学制定目标任务"，这既是中国共产党能够不断取得社会主义建设伟大胜利的宝贵经验，也为制定经济社会发展战略提供了重要的理论方法。

第一节　中国经济社会发展的阶段性特征

本世纪前20年是中国全面建设小康社会、加快推进社会主义现代化建设的关键时期。国民经济持续快速发展，改革开放进一步深入，工业化、信息化、城镇化、市场化、国际化进程不断加快，人民生活水平不断提高。经济社会发展进入了新的时期，在这个时期，经济社会发展主要呈现如下特征。

一、经济发展全面融入全球化进程

在改革开放推动下，中国已经从封闭半封闭型经济转变为开放型经济，加入世贸组织标志着对外开放进入新的阶段，蓬勃发展的中国经济在世界上的地位越来越重要。同时要看到，中国还是发展中国家，发达国家在经济上、科技上占优势的压力将长期存在，同国际社会联系日益紧密，风险也随之增加。在激烈的国际竞争中形成参与国际合作与竞争的新优势，对统筹国内发展和对外开放提出了更高的要求。

进入新世纪，全球经济体之间的联系更加紧密，世界经济的发展正在走向全球化，集中表现在几个方面：一是全球贸易总量不断上升(图5)，经济交流更加活跃；二是区域间的经济一体化程度不断提高，如北美自由贸易区的不断成熟、欧盟的不断扩大、东亚经济贸易区的初步形成等等；三是市场和经济的开放程度不断提高，加入世界贸易组织(WTO)的经济体越来越多；四是各类资源在全球配置的程度提高，跨国公司得到快速发展；五是国家之间的经济依存度提高，形成了全球化的产业链，产业分工更加明确，出现了"头脑国家"和"体力国家"。世界经济进入全球化、一体化意味着资本、信息和物资的大量交换，意味着资金流、信息流和物流的全球化，意味着金融业、信息产业和交通运输业在全球的快速发展。

在经济全球化背景下，中国正在加速融入世界经济，加入WTO后对外开放继续扩大，与周边国家的合作更加紧密，特别是与周边经济迅速一体化，如东盟和上海合作组织等。中国周边经济体共计有24个[1]，1995

[1] 中国周边24个经济体包括：与中国接壤的14个国家；日本、韩国，中国香港、中国澳门、中国台湾；东盟5国的新加坡、马来西亚、印度尼西亚、泰国、菲律宾。

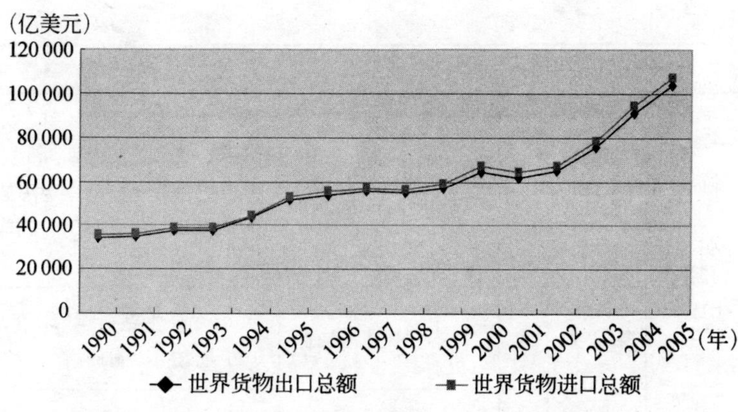

图5　世界货物贸易进出口总额(数据来源:世界贸易组织数据库)

年,中国是其中12个经济体的第一、第二、第三大贸易伙伴;2005年,中国是其中11个经济体的第一大贸易伙伴[1]、6个经济体的第二大贸易伙伴、4个经济体的第三大贸易伙伴,三者合计为21个[2](表1)。

表1　中国在周边经济体中的外贸位次

		1995		2005	
口径A(16)	第1大	2	缅甸、朝鲜	7	蒙古、朝鲜、韩国、日本、吉尔吉斯斯坦、巴基斯坦、越南
	第2大	3	日本、韩国、蒙古	4	哈萨克斯坦、印度、尼泊尔、缅甸
	第3大	2	尼泊尔、巴基斯坦	2	俄罗斯和老挝

❶ 分别是中国澳门、中国香港、蒙古、朝鲜、吉尔吉斯斯坦、韩国、日本、中国台湾、缅甸、越南、巴基斯坦。

❷ 只有塔吉克斯坦、阿富汗和不丹的排名在前三名以外。不丹与所有国家的双边贸易数据暂缺。

续上表

		1995		2005	
口径 B（19）	第 1 大	4	缅甸、朝鲜、中国香港、中国澳门	10	蒙古、朝鲜、韩国、日本、吉尔吉斯斯坦、巴基斯坦、越南、中国香港、中国澳门、中国台湾
	第 2 大	3	日本、韩国、蒙古	4	哈萨克斯坦、印度、尼泊尔、缅甸
	第 3 大	3	尼泊尔、巴基斯坦、中国台湾	2	俄罗斯、老挝
口径 C（24）	第 1 大	4	缅甸、朝鲜、中国香港、中国澳门	11	蒙古、朝鲜、韩国、日本、吉尔吉斯斯坦、巴基斯坦、越南、中国香港、中国澳门、中国台湾、菲律宾
	第 2 大	3	日本、韩国、蒙古	6	哈萨克斯坦、印度、尼泊尔、缅甸、泰国、印尼
	第 3 大	5	尼泊尔、巴基斯坦、中国台湾、新加坡、菲律宾	4	俄罗斯、老挝、新加坡、马来西亚
	合计	12		21	

注：来源于清华大学国情研究中心相关研究成果。

估计到 2010 年，中国将成为周边所有经济体的前三大贸易伙伴之一，同时，以中国为最大贸易伙伴的经济体数量也将进一步增加。这一过程伴随的是中国的经济、贸易和投资三者都在跟周边国家一体化，交通运输将在这一过程中发挥重要的积极作用，大大推动中国与周边地区乃至世界的融合。

在中国与全球经济日益一体化的进程中，我们必须在全球化背景下来展望未来的交通发展。中国在世界经济体系中是可贸易货物的生产基地、加工基地、出口基地、配送运输基地，可贸易货物“大进、大出、大运量”的运输特征将日益突出。2007 年底，中国港口货物吞吐量达 64.1 亿吨，连续五年保持世界第一；港口集装箱年吞吐量突破 1 亿标准箱，集装箱运输起步虽晚于世界近 20 年，但以世界上少有的年均 35% 的增幅，实现了连续五年雄踞世界第一的跨越式发展。这是中国加入世界经济体系、参与国际分工的必然结果。

展望未来，中国与世界经济的联系还会不断加深。2007 年中国的进出口贸易额是 2.17 万亿美元，“十一五”规划 2010 年将达到 2.3 万亿美元，据估计实际可能会突破 2.8 万亿美元。

二、经济结构加速调整

中国三次产业结构正在发生快速变化。第一产业占 GDP 的比重明显下降，从 1978 年的 28.1% 下降到 2006 年的 11.8%；第二、第三产业占 GDP 的比重明显上升，分别从 1978 年的 48.2%、23.7% 上升到 2006 年的48.7% 和 39.5%。随着中国居民消费结构升级，由以“吃、穿、用”为主导开始向“住、行”为主导的消费结构转变，住宅、汽车消费增加，导致重工业增长明显加快。重工业有规模经济的门槛，这种规模经济往往需要以城市作为载体，所以重工业化发展也直接或间接推动了城市化进

程[1]。工业化、城市化进程加快，在空间上表现为经济活动和生产要素的空间配置更加集中，长江三角洲、珠江三角洲和环渤海经济圈的区域经济发展更加迅猛。由于中国的资源禀赋是“人力资源丰富、自然资源紧缺、基本资源紧俏、生态资源脆弱”，重工业这一大量耗费资源的增长模式造成了土地、淡水以及煤、电、油、运和其他稀缺资源的高度紧张，因此，专家指出“如果中国走传统工业化的老路，其资源消耗将是中国和世界难以承受的”[2]。

专栏5：服务业对降低成本、提高效率意义重大

——吴敬琏“中国应当走一条什么样的工业化道路”

现代经济学提出了总成本是制造成本，即转型成本（诺斯把它叫做 transformation costs）和交易成本（transaction costs）总和的原理。根据这一原理才能充分认识服务业发展对降低成本、提高效率的意义。A.斯密早就指出，技术进步是由分工深化推动的，然而随着分工深化，分工参与者间的交易愈来愈频繁，交易范围也愈来愈广阔，因此交易的资源也愈来愈多。D.诺斯指出，在20世纪80年代的美国，国民收入里近一半用于交易。服务业正是处理交易活动的，所以服务业发展不但有利于降低制造成本，更为重要的作用在于降低交易成本。理论学家观察到的这种情况，无论在制造业中还是在商业中都真实地存在。

---

❶ 王一鸣，新的发展阶段及其特征。长安讲坛，社会科学文献出版社，2006，北京。

❷ 徐匡迪：中国须走新型工业化道路——在中国国际钢铁大会上的演讲，新华社，上海2004年6月6日电。

拿商业来说,香港利丰集团的董事会主席冯国经指出,在综合物流业从原料到消费的整个价值链中,制造环节产生的价值只占 1/4,而 3/4 都是交换环节产生的,因此后者最具降低成本的空间,被称为能够提供更高附加价值和盈利率的"软三元"(利丰研究中心,2003)。

服务业发展不足,是中国经济活动交易成本过高的主要原因之一(另一个主要原因是市场经济体制不完善),发展服务业是实现中国经济增长方式转变的一项紧迫任务[1]。因此,中国必须走新型工业化道路,大力发展服务业,特别是生产性服务业。

三、城乡区域协调发展任务艰巨

中国改革开放以来经济持续快速增长,国家面貌发生了历史性的变化,但还没有从根本上摆脱不发达的状态,仍然带有社会主义初级阶段的明显特征。中国的基本国情很大程度上体现在:城乡之间、区域之间发展很不平衡,城乡二元经济的状况还没有根本改变等方面。

比如,城乡收入差距不断扩大,西部城乡差距最大,中部城乡差距的扩大速度最快。2000 年全国城乡居民收入之比为 2.78,2004 年和 2005 年进一步扩大到 3.20 和 3.22。2000 年东、中、西部城乡居民收入之比分别为 2.30、2.49 和 3.62,2004 年变化为 2.57、2.85 和 3.82;

[1] 吴敬琏:中国应当走一条什么样的工业化道路。长安讲坛,社会科学文献出版社,2006,北京。

与2000年相比，城乡差距均有所扩大，西部城乡差距最大并一直高于全国平均水平，中部城乡差距扩大最快，但仍低于全国平均水平[1]。

解决“三农”问题和城镇化，还是一个长期的过程。20世纪90年代特别是进入新世纪以来，城镇化进程加快，城镇化率从1997年的31.9%提高到2006年的43.9%。预计2020年可望达到60%左右，届时将会超过世界平均水平，但仍然明显低于发达国家水平。必须有效引导城镇化健康发展，妥善处理城乡关系，建立逐步改变城乡二元结构的机制。

总的来看，中国在促进城乡区域协调发展方面采取了许多政策措施，取得了很大的成效。但同时应该看到，城乡区域差距扩大的趋势尚未根本扭转，发展不平衡的矛盾还会长期存在。从抑制差距扩大到逐步缩小差距，还需要坚持不懈的努力。

四、社会主义市场经济体制改革进入攻坚阶段

建立中国特色社会主义市场经济体制是一项伟大的创举。中国社会主义市场经济体制初步建立但还不完善；市场经济体制在激发经济活力的同时，负面影响逐步显现；计划经济体制的弊端尚未完全革除，同时在计划经济体制时期所取得的某些积极社会经济成果却在体制转轨中有所流失。中国完善社会主义市场经济体制进入新

[1] 王新怀，中国地区发展差距现状及区域协调发展的建议，财经界，2006年07期。

的发展阶段，实现社会主义与市场经济有机结合的实践还需要不断在探索中前进，市场化取向的改革要向深度和广度发展，注意解决市场经济体制本身所固有的矛盾和问题，为经济社会全面、协调、可持续发展提供体制保障。

深化改革的中心环节之一是政府管理体制改革和政府职能转变，关键是如何处理政府与市场、政府与社会、政府与公民之间的关系。政府要从偏重于国有经济改革转到为各类经济主体的发展创造良好的环境；由过多地干预微观经济转到实施有效的宏观调控上来，由部分群体受益转到社会公众共享改革成果上来（王一鸣，2006）。

政府体制改革的目标是建设有限且有效的政府。有限的政府要求政府除非在市场失灵的必要情况下，不干预市场交易活动和企业的微观决策行为，不在地区、部门、企业间，以政府自身的偏好配置资源；有效政府要求政府低成本地履行三方面职责：①提供法制环境；②通过总量手段保持宏观经济的稳定；③在市场失灵的条件下酌情使用经济和行政手段加以弥补（吴敬琏，2006）。

五、构建社会主义和谐社会成为新的时代主题

和谐发展的思想源远流长，实现社会的平等、安定、和谐，一直是人类孜孜以求的梦想。早在2000多年前，中国的《论语》就提出了“和为贵”的思想，追求天人和谐、人际和谐、身心和谐。几乎是在同时期，古希腊哲学家柏拉图也提出了“公正即和谐”的主张，并在其名著《理想国》中作了生动的描述。改革开放以来，中国经济

持续快速发展，综合国力不断增强，人民生活显著改善，各项事业全面进步，社会主义现代化建设取得了举世瞩目的巨大成就，当前社会总体上是和谐稳定的。但是，还程度不同地存在着地区发展不平衡、城乡发展不平衡、经济社会发展不平衡，资源能源紧缺，收入差距过大，消极腐败现象和各类严重犯罪活动等不和谐因素。这些矛盾和问题如不及时有效地加以解决，将影响全面建设小康社会目标的顺利实现。

2004 年 9 月，党的十六届四中全会明确提出了构建社会主义和谐社会的重大战略任务；2005 年 10 月，党的十六届五中全会把构建社会主义和谐社会确定为贯彻落实科学发展观必须抓好的一项重大任务，并提出了工作要求和政策措施。社会主义和谐社会是民主法治、公平正义、诚信友爱、充满活力、安定有序、人与自然和谐相处的社会。构建社会主义和谐社会，适应了中国改革发展进入关键时期的客观要求，体现了广大人民群众的根本利益和共同愿望，既是对中国改革开放和现代化建设经验的科学总结，也是在新的国内外形势下提高党的执政能力、贯彻落实科学发展观、更好地推进中国经济社会发展的战略举措。这表明中国特色社会主义事业的总体布局更加明确地由社会主义经济建设、政治建设、文化建设三位一体发展为社会主义经济建设、政治建设、文化建设、社会建设四位一体。这是中国共产党对共产党执政规律、社会主义建设规律、人类社会发展规律认识的深化，在理论创新和指导实践方面具有重大的现实意义和深远的历史意义。

综上所述，中国仍处于并将长期处于社会主义初级阶段，这是从社会性质和社会发展阶段上对中国国情所作的全局性、总体性判断。中国已经进入了新的发展阶段。在中国这样的发展阶段，放在任何国家，都是矛盾比较尖锐的时期。中国是有十多亿人口、具有独特的历史文化传统、发展很不平衡的发展中大国，这种涉及广泛领域的根本性社会变革，必然是矛盾重重的。在这一阶段，有可能出现两种发展结果：一种是搞得好，经济社会继续向前发展，顺利完成工业化，逐步实现现代化；另一种是搞得不好，往往出现贫富悬殊、失业人口增多、城乡和地区差距拉大、社会矛盾加剧、生态环境恶化等问题，导致经济社会发展长期徘徊不前，甚至出现社会动荡和倒退。

在中国经济社会发展的关键阶段，党的十六届三中全会明确提出了科学发展观，“坚持以人为本，树立全面、协调、可持续发展的发展观，促进经济社会和人的全面发展”，强调“按照统筹城乡发展、统筹区域发展、统筹经济社会发展、统筹人与自然和谐发展、统筹国内发展和对外开放的要求”，不断推进改革和发展。党的十七大报告明确提出：“在新的发展阶段继续全面建设小康社会、发展中国特色社会主义，必须坚持以邓小平理论和‘三个代表’重要思想为指导，深入贯彻落实科学发展观。”系统地阐述了科学发展观的深刻内涵：“科学发展观，第一要义是发展，核心是以人为本，基本要求是全面协调可持续，根本方法是统筹兼顾。”

科学发展观，是以胡锦涛同志为总书记的党中央站在新的历史起点上，科学认识和准确把握中国经济社会发展的阶段性特征和中国经济社会变革的深刻性和复杂性，着眼于解决发展中遇到的突出矛盾和问题提出来的，是对党的三代中央领导集体关于发展的重要思想的继承和发展，是马克思主义关于发展的世界观和方法论的集中体现，是同马克思列宁主义、毛泽东思想、邓小平理论和“三个代表”重要思想既一脉相承又与时俱进的科学理论，是中国经济社会发展的重要指导方针，是发展中国特色社会主义必须坚持和贯彻的重大战略思想。在新的发展阶段，深入贯彻落实科学发展观，是对邓小平理论和“三个代表”重要思想的最好坚持，也是对中国特色社会主义理论体系的最好实践。

第二节　中国交通发展的阶段性特征

当前，中国正处于全面建设小康社会的新阶段，全面参与经济全球化进程加快，工业化、信息化、城镇化、市场化、国际化进程加快，经济总量继续保持高速增长，经济结构加速调整，消费结构逐步升级，城乡区域趋向协调。经济社会发展对交通运输的需求也从“走得了、运得了”向“走得好、运得好”升级，不仅要求不断提高交通运输能力，而且要求更快提升交通运输服务水平，更好地服务于经济社会发展，中国交通运输进入了新的发展阶段。

站在世界交通发展趋势、发展规律的角度审视中国交通发展水平，站在中国国民经济发展全局的角度审视交通适应能力，站在人民群众对交通需求的角度审视交通服务水平，站在行业以外的角度审视交通存在的问题，新时期交通发展面临的新趋势，可以归纳为以下几个方面。

一、交通运输需求变化明显

过去20多年，交通快速发展缓解了对经济社会发展的“瓶颈”制约。各种运输方式运输量均不断攀升，1978—2006年综合周转量累计增长760.9%。改革开放以来，包括铁路、公路、水路、民航和管道在内的各种运输方式的换算周转量年平均增长率为8.0%（表2）。

表2　主要年份各种运输方式的换算周转量及增长率

（1978—2006年）　　单位：亿吨公里

年份	铁路	公路	水路	民航	管道
1978	6 438.00	326.10	3 815.07	2.98	430.00
1980	7 100.21	837.00	5 098.83	4.26	491.00
1985	1 0542.00	1 865.50	7 792.93	12.57	603.00
1990	13 238.00	3 620.00	11 650.93	24.75	627.00
1995	16 416.00	5 155.30	17 613.43	71.29	590.00
2000	18 304.00	6 794.70	23 770.07	119.86	636.00
2005	26 788.00	9 622.21	49 696.21	226.02	1 088.00
2006	28 576.58	10 660.60	53 982.70	265.01	1 318.20
累计增长率（%）	343.9	3 169.1	1 315.0	8 793.0	206.6
年均增长率（%）	5.5	13.3	9.9	17.4	4.1

注：根据《中国统计年鉴》及《交通统计年鉴》计算。

目前中国已经进入人均 GDP 1000 ~ 4000 美元的发展阶段,从世界交通发展规律看,这一时期交通运输需求总量仍将快速增长,结构不断升级,服务要求提高,交通需求进入了快速变化期。

一是产业结构和消费结构升级,货运需求正在发生结构性变化,工业化进程加快带来的大运量、低价值货物运输需求依然旺盛,高新技术产业、现代服务业迅速成长产生的小批量、高价值货物运输要求更加急迫,经济、可靠、高效的运输需求日趋强烈;人们选择交通模式的观念及行为正在发生重大变化,安全、便捷、舒适乃至个性化的价值取向增强,对交通的服务形式、内容和品质提出了越来越高的要求。

二是城市之间、城乡之间人员与物资流动性显著提高,人们出行的距离和次数不断增加,对客运的安全、便捷和货运的经济、可靠等服务要求越来越高。国际经验表明,城市化水平越高,人均出行需求越大,个人的交通支出也会随之增长。

目前中国居民在“衣”、“食”方面已平均达到小康水平,而消费性支出中用于“住”、“行”的比重与全面小康水平差距较大。但是,在人均 GDP 超过 3 000 美元的发达地区,私人交通消费已经呈现出快速增长的态势,无论是北京、上海、深圳、广州等特大城市,还是江苏、浙江、广东等发达省份的私人交通需求的发展态势与美国等发达国家在同一时期的基本规律相似。因此,人民生活水平的继续提高和家庭轿车的激增将直接促使人均出行次数的增加。旅客出行与货物运输，在 GDP 超过3 000美元后将可能呈现两种不同的发展态势。

三是构建社会主义和谐社会、建设社会主义新农村，农村客货运输需求逐步升级，要求统筹城乡、区域交通发展，促进交通运输服务均等化，使农村老百姓能够享受到与城市居民相同或相近的出行服务。

四是中国经济融入全球化进程，经济对外依存度持续升高，2006 年中国社会物流总成本占 GDP 的18.3%，运输费用大约占社会物流总成本的 54.7%，其中公路运输费用占运输费用的 63.1%，水路运输费用占13.1%，而发达国家物流成本平均只占 GDP 的 10% 左右。降低运输成本已成为提升国际竞争力和增强经济活力的有效途径。

这些需求变化表明，交通供给能力需要继续扩大，运输服务水平需要不断提高。

二、交通建设处于关键时期

经过 20 余年的快速发展，我国骨干交通网络基本形成，交通基础设施面貌发生了巨大改变，各种运输方式网络全面扩展，结构得到很大改善，交通基础设施网络初步形成。2007 年底，全国公路通车总里程达到358.37 万公里，其中高速公路达 5.39 万公里，网络规模和高速公路里程仅次于美国；以高速公路为主的“五纵七横”国道主干线 2007 年底基本贯通，国家高速公路网主骨架初步形成；至 2007 年底，全国内河航道通航里程 12.3 万公里，其中 50% 为等级航道，航道网规模为世界第一。截至 2006 年底，全国铁路营业里程达到 7.71 万公里，其中复线里程达到 2.64 万公里，复线率达到 34.3%；铁路电气化里程 2.44 万公里，电化率达到 31.7%，网络规模居世界第三，运输密度世界第一。至 2007 年底，全国民用航空定期通航的机场就达到了 152 个，覆盖全国所有重要城市。2006 年底，我国石油、天然气、成品油管道建设已超过 4 万公里，已经形成连接主要油气田、港口、炼厂和城市的油气输送网络。

以美国为例，从美国交通发展阶段来看，人均 GDP 1 000～4 000 美元阶段是公路里程增长最快的阶段，此后基本稳定（图 6）。

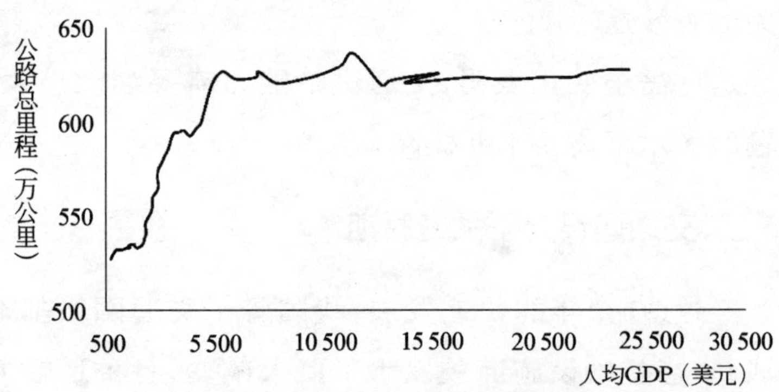

图 6　美国人均 GDP 增长与公路里程增长关系图

参照发达国家交通发展历程来判断，中国还要持续 15 年左右时间，才能完成大规模交通基础设施建设任务，形成比较完善的交通运输网络，才能结束像西方发达国家一样的快速增长期，进入到相对稳定的增长时期。这一时期是实施完成《国家高速公路网规划》、《全国农村公路建设规划》、《全国沿海港口布局规划》、《国家中长期铁路规划》等具有长远性、全局性的交通发展规划的关键期。

根据清华大学、交通部科学研究院“交通与发展研究”课题的测算，中国公路建设投资在未来 10 年的年平均增长率只有保持在 10% 左右（扣除价格因素），即以现价计算的年均投资额接近 1 万亿元，交通资本存量占社会总资本存量的比重才能接近美国 20 世纪 70 年代末交通进入平稳发展时期的水平（图 7），达到与经济社会的协调发展。

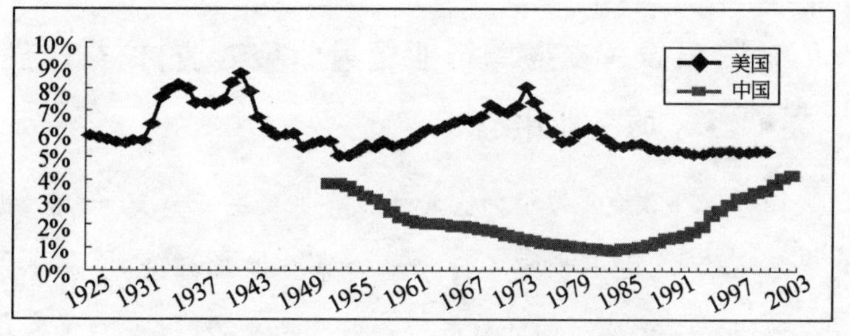

图 7　中美交通资本存量占社会总资本存量比重

因此，未来 15 年左右交通建设正处在关键时期，依然是交通基础设施建设的高峰期。

三、交通发展面临战略机遇

当前，中国交通发展面临新的战略机遇，主要有：

一是经济全球化趋势深入发展，中国正在加快全面建设小康社会的进程，经济处于上升期，对交通运输需求非常旺盛。预计“十一五”期间，全国公路客货运周转量还将分别增长52%和41%，水路货物周转量将增长38%，汽车保有量将增长60%以上，全国港口货物吞吐量、沿海主要港口集装箱吞吐量将分别增长46%和78%。

二是国家把扩大内需、调整经济结构和转变增长方式作为经济发展的重大任务，提出加快发展服务业，特别是大力发展包括交通运输在内的面向生产的服务业。在《国务院关于加快发展服务业的若干意见》中，就明确提出优先发展运输业，提升物流的专业化、社会化服务水平，大力发展第三方物流，为交通发展提供了重大的政策机遇。

专栏6：发挥交通等行业辐射集聚效应，培育区域服务业中心

国务院下发的《关于加快发展服务业的若干意见》提出，优先发展运输业，进一步完善公路水运等交通基础设施，加快建设上海、天津、大连等国际航运中心和主要港口，发挥交通等行业较强辐射集聚效应，培育国家和区域服务业中心。

优先发展运输业，大力发展第三方物流

大力优化服务业结构。大力发展面向生产的服务业，促进现代制造业与服务业有机融合、互动发展。优先发展运输业，提升物流的专业化、社会化服务水平，大力发展第三方物流。通过发展服务业实现物尽其用、货畅其流、人尽其才，降低社会交易成本，提高资源配置效率，加快走上新型工业化发展道路。

加快建设上海、天津、大连等国际航运中心和主要港口

进一步完善铁路、公路、民航、水运等交通基础设施，优先发展城市公共交通，形成便捷、通畅、高效、安全的综合运输体系，加快建设上海、天津、大连等国际航运中心和主要港口。加强交通运输枢纽建设和集疏运的衔接配套，在经济发达地区和交通枢纽城市强化物流基础设施整合，形成区域性物流中心。

推进农村水利、交通、渔港等基础设施建设

积极发展农村服务业。改善农村基础条件，提高农民生活质量。推进农村水利、交通、渔港等基础设施建设，改善农民生产生活条件。

发展壮大国际运输

着力提高服务业对外开放水平。建立支持国内企业"走出去"的服务平台，提供市场调研、法律咨询、信息、金融和管理等服务。扶持出口导向型服务企业发展，发展壮大国际运输，继续大力发展旅游、对外承包工程和劳务输出等具有比较优势的服务贸易，积极参与国际竞争，扩大互利合作和共同发展。

三是国家在实施西部大开发、中部崛起、东北振兴和东部率先实现现代化的战略决策中，都把加快交通基础设施建设置于基础性、战略性的位置，明确提出要建设综合交通运输体系，加快推进区域交通一体化。

四是地方对交通发展积极性仍然很高，各级政府高度重视交通基础设施建设，各级财政积极投入，特别是农村公路建设已经成为各级政府推动社会主义新农村建设的重要举措。

五是科学技术发展日新月异,正极大地改变整个经济社会的面貌,科技进步的最新成果将对交通运输这一传统产业产生广泛而深刻的影响。这些都表明,新时期交通发展仍然有许多良好的机遇,为继续加快交通发展创造了有利的外部环境和条件。

四、交通发展需要应对新的挑战

近年来,土地岸线资源、能源及环境问题开始凸显,成为交通发展的重大制约因素;交通发展中的一些深层次问题也逐步显现,交通与经济社会发展一样面临诸多新的挑战。主要表现在:

一是交通发展需要占用土地,用地矛盾比较突出。中国是一个耕地面积严重不足的国家,人均耕地面积只有1.41亩,不到世界平均水平的40%,节约土地已成为中国的一项基本国策。公路建设用地指标不足、用地审批难等问题造成大量项目积压,严重影响了既定交通建设目标的实现。由于平均用地年度指标不适应公路建设的时序特点、部分地区耕地占补平衡落实难度很大、历史遗留问题突出等,公路用地指标日趋紧张,一些地区"未批先用"、"边批边建"的项目不同程度地存在。

二是交通能耗大幅度增长,加剧了能源紧张状况。中国人口众多,能源资源相对不足,人均可采石油资源仅相当于世界平均水平的7.7%。中国自1993年开始成为石油净进口国以来,对外依存度逐年提高,2007年近50%。能源问题,不仅已成为中国经济发展的瓶颈,也已成为影响经济安全的重要因素。公路水路交通对能源依赖性强，是石油消费的大户。近年来，交通能耗大幅增长，更加剧了能源紧张状况。2000—2005 年间，全国营运车辆的油耗总量增长 73.2%，年均增长率为 11.6%。目前交通油品消耗已占全国石油消耗总量的 40%，而中国正处在汽车加速进入家庭的时期，能源消耗量仍在快速增长。因此，大力推进交通节能降耗，交通部门责无旁贷。

同时，交通行业节能潜力巨大。目前中国交通运输能源利用效率、主要耗能设备效率等指标与世界先进水平相比明显偏低。机动车油耗水平比欧洲高 25%、比日本高 20%、比美国高 10%，载货汽车百吨公里油耗比国外先进水平高 1 倍以上，内河运输船舶油耗比国外先进水平高 10% ~20%，交通行业节能大有潜力可挖。

三是交通污染排放不断增加，环境问题突出。汽车数量的激增，在消耗越来越多能源的同时，也给环境造成了巨大的压力，汽车排放的有害气体及汽车尾气所含超微可吸入颗粒物，对环境和健康造成巨大的危害。有关研究显示，2003 年全国汽车的 CO、HC 和 NO_x 排放量分别比 1995 年增加 1.05 倍、1.51 倍和 2.01 倍，对城市大气污染的平均贡献率为 50% 以上，目前有些大城市的这项贡献率已高达 80% 左右；城市大气中 PM10 以下的可吸入颗粒物浓度超标率相当高，其中 PM2.5 的超微可吸入颗粒物大都来自汽车、摩托车尾气排放的 NO_x 和 SO_2。据粗略估算，全国大气污染造成的经济损失相当于全国 GDP 的 3% ~7%，其中机动交通污染损失的贡献率占 30% 以上。如果交通污染扩大的趋势得不到有效遏制，将影响到国家减排目标的实现。

四是运输服务质量不高。有些高速公路路段，由于道路大中修等多种原因，严重影响了行驶速度，“高速公路不高速”的抱怨声越来越多、越来越大。公路基础设施中安全隐患较多，危桥比例占全国桥梁总数的 3%；许多高等级公路路面的平均寿命不到 8 年，是发达国家高等级公路路面使用寿命的 1/3，大中修期普遍提前，高速路和普通干线路在建成后四五年就需要进行大中修的现象十分普遍，与规范规定的大中修时间有较大差距。调研数据显示，浙江、四川等省高速公路目前平均大中修周期为 8 ~10 年不等。中国公路货运车辆超限超载比例一度高达 80%，对公路造成了极大的破坏，也引发了大量的恶性交通事故，全国公路每年因超限超载造成的直接损失超过 300 亿元，等等。

五是交通发展政策调整和体制机制改革相对滞后，影响社会和谐。收费公路规模大、站点多、费率较高，增加了运输成本，加重了道路使用者负担，已成为社会关注的焦点。此外，交通管理体制还不能完全适应交通发展的需要。尤其是公路（包括高速公路）管理体制、公路养护体制、城乡交通一体化体制以及收费公路体制、投融资体制、行政管理体制等都处在改革的攻坚阶段，这些都关系着人民群众的切身利益，关系到社会的和谐稳定，如不能得到妥善解决，就会影响交通的持续健康发展。

这里以收费公路为例，在政府财力有限、有效投资不足的情况下，“贷款修路、收费还贷”政策是支撑公路事业持续快速健康发展的重要保障。没有这一政策，中国公路就丧失了后续发展能力，历史积淀的巨额债务难以偿还，国家高速公路网规划的目标就要延后实现。过去中国需要这一政策，今后相当长时间内仍然离不了这一政策。目前收费公路存在的问题主要是规模大、里程长、收费还贷与收费经营型公路性质需要更清晰地予以界定等，焦点问题聚集在二级公路收费的大量存在。二级收费公路的里程和站点约占总数的2/3，收费金额还不到总数的1/3。如广西、黑龙江，二级收费公路分别占收费公路总里程的68%和78%，而收费额只分别占25.6%和54.5%。长三角地区调研表明，公路收费支出一般占到运输企业经营成本的37%左右。国家审计署2008年2月27日公布了《18个省市收费公路建设运营管理情况审计调查结果》，其中16个省（市）在100条（段）公路上违规设置收费站158个，至2005年底违规收取通行费149亿元。这中间有：在国家明文规定禁止收费的三级公路上违规设置30个收费站；采取“一站多点”等办法，违规异地设置41个收费站点；公路未建先收或边建边收，违规设置21个收费站点。这些情况说明，收费公路的有关政策内容到了亟须调整、完善的时候了。

此外，交通发展还面临着综合运输发展滞后、城乡区域发展仍不平衡、海运船队核心竞争力需要进一步加强等诸多挑战，需要提高交通运输科学发展的能力和水平来解决。

交通发展的阶段性特征，概括起来：一是公路水路交通基础设施建设成效显著，但规模总量仍显不足，交通结构不尽合理；二是公路水路交通运输快速发展，但部分领域资源利用效率不高，发展方式比较粗放；三是交通行业具备一定的发展实力，但创新能力仍显不足，核心竞争力仍需提升；四是行业管理初步适应建立社会主义市场经济体制的要求，但管理能力和服务水平还比较低，体制机制性障碍仍需进一步消除。

这些特征表明，交通发展成绩显著，矛盾和问题也很突出，这是社会主义初级阶段基本国情在交通行业的具体体现。

按照党的十七大精神，交通发展的新要求归纳起来，就是“六个要适应”：

一是要适应经济社会发展对运输的新需求。随着进一步拓展国内消费市场特别是农村消费市场，提高外向型经济水平，物流、人流、信息流将更加活跃，安全、经济、可靠、高效和舒适、便捷、个性化的运输需求更加明显。交通运输要适应经济社会日益增长的新需求，实现规模、速度与质量、效益的协调发展。

二是要适应工业化、信息化、城镇化、市场化、国际化的新变化。“五化”反映了经济社会发展在社会分工、科技进步、产业结构升级、人口布局调整、生产方式和交换方式等方面的深刻变革，要求交通进一步发挥好先导和支撑的作用，努力缩小区域、城乡间公共服务差距，促进基本公共服务均等化。

三是要适应建设创新型国家的新要求。交通是国民经济的基础性、先导性产业，要把增强行业创新能力作为交通发展战略的核心，积极推进理念创新、科技创新、体制机制创新和政策创新，加快建设创新型交通行业。

四是要适应资源节约和环境友好发展的新路子。节约资源和保护环境既是紧迫的工作，也是长期的任务，无论是交通建设还是运输生产，都必须把节约土地、降低能耗和保护环境摆到更加突出的位置，以最小的资源消耗和环境代价实现交通又好又快发展。

五是要适应加快发展服务业的新任务。交通运输是服务业的重要组成部分。要抓住中国经济发展向第一、第二、第三产业协同带动转变的历史机遇，增强交通运输的服务能力，不断拓展新的发展空间和服务领域。

六是要适应发展综合运输体系的新趋势。公路水路交通要进一步发挥技术经济和服务等方面的比较优势，强化在综合运输体系中的基础和骨干作用，促进与其他运输方式的有效衔接，为发展综合运输体系创造更为有利的条件。

正是基于对交通发展历程和经验的全面总结，对交通发展新形势、新要求的深刻分析和准确判断，交通运输部明确提出了发展现代交通运输业的重大战略任务，就是要抓住交通运输发展的机遇，应对新形势、新挑战，满足新要求，促进交通运输又好又快发展。

第三节　交通运输发展阶段的理论分析

一、交通运输发展理论评述

古典经济学家以及现代众多的发展经济学家都对运输业发展的重要性有所论述。然而，运输业发展过程本身仍然没有受到大多数主流经济学家和发展经济学家的关注。国内外有关运输业发展方面的文献大都集中于运输部门对整个社会经济发展过程作用或贡献的理论探讨上，很少考虑运输业发展过程本身。而在现代经济发展文献中，运输发展理论基本上被忽视了，寻求运输业自身发展过程的经济学文献在国内外并不是太多。十多年以来兴起的新经济地理学探讨了在运输成本不同的情况下经济活动集聚与分散的规律。其中所提到的运输成本可以认为是交通网络和通达度等要素的综合影响因素。但新经济地理学只是把运输成本看作是经济空间结构变化的外在影响因素，而没有考虑交通运输本身就是经济空间结构变化的内生性结果，对交通运输成本的内在的细致分析和描述没有深入分析。当然，仍然有一些文献努力探求运输这种经济活动在社会经济历史中的规律性演变。这些文献的理论探讨可以概括为以下几个方面：

一是技术主导的运输发展理论，该理论着重以运输技术变迁为线索解释运输业发展，主要包括运输技术发展阶段模型、运输技术的扩散—替代模型、运输与国民经济的交替推拉模型和运输成本阈值模型等。运输技术发展阶段模型以世界运输业发展的历史经验作为其理论支撑，着重概括世界运输业发展的一般历程。其主要观点认为，运输业的诞生和发展经历了极其漫长的过程，是伴随着社会生产力的发展和科学技术进步而产生和发展的。该理论认为，世界运输发展的历史可划分为以运输技术变迁为特征的几个时期，如水运主导的阶段、铁路主导的阶段，公路、航空和管道主导的阶段和五种现代运输方式调整和优化结构，组成统一的、分工合理的综合运输阶段。运输技术扩散—替代模型是由奥地利维也纳技术大学的格鲁贝格提出，其理论的核心观点是：某一种运输方式的技术变迁可以类比于生物的成长，具有进化、繁殖、选择和增长的特征。其中新特征是技术增长，而对技术增长研究不能仅仅局限于技术工艺和技术产品本身，而应当通过该技术与它的环境及其他技术的相互作用进行理解，这种相互作用是运输技术扩散和替代的性质。该理论通过美国的五种运输方式基础设施的网络增长长度来验证运输技术之间的替代关系。运输与国民经济的交替推拉模型提出，运输方式演进的漫长过程，从运输业结构的角度可分为两类本质不同的时期——渐变期和剧变期，它们交替占据主导地位，一种新的代表性运输方式出现会引起一次“剧变期”的出现，每两次“剧变期”之间则是“渐变期”。在运输业成长的渐变期，运输技术没有重大突破，各种运输方式的力量对比基本不变，交通运输对经济增长的作用

是推动经济增长。而在“剧变期”期间，交通运输对经济增长的作用变为拉动。运输成本阈值模型认为，运输技术的创新与突变，是新运输方式或者运输系统形成的首要的或决定性的力量，每一次运输技术创新导致运输成本降低，而运输成本降低是经济发展的首要前提，对推动现代经济增长至关重要，这种运输技术进步造成的运输成本降低推动经济发展的模式被称为运输成本阈值定律。

二是需求诱致的运输发展理论，包括德斯查普斯(Deschamps,1970)的部门需求运输发展模型，塔夫(Taaffe,1963)等学者的区位运输网络演化模型，荣朝和(1993)的运输化模型以及王稼琼(1995)的联运发展阶段模型。部门需求运输发展模型提出产业开发不同阶段运输需求变化从而决定运输技术的选择。该理论是基于运输需求角度来分析运输业发展的，其优点是对于具体的某一部门或产业的发展提出了一种对运输发展的需求，能够在具体的操作中使人们知道需要发展采用什么样的运输工具，并进行运输规划。区位运输网络演化模型从产业区位和运输网络变化的角度分析了交通运输业发展演化的过程。比如，塔夫提出了一个运输网络的演化模型，显示出地理因素对运输网络联系特性产生影响。范思模型通过五阶段的商业模型描述运输线路发展与北美城镇等级增长的关系。利默模型对范思模型进行了改进，提出了四阶段的运输演进和城镇关系模型。运输化模型是从长期变化的角度刻画运输与社会经济发展之间的关系。运输化理论认为运输化是工业化的重要特征之一，也是伴随工业化而发生的一种经济现象。在运输化过程中，人与货物空间位移的规模由于近代和现代运输工具的使用而急剧扩大，交通运输成为经济进入现代增长所依赖的最主要的基础产业、基础结构和环境条件。

此外，魏际刚（2003）提出了制度因素，他从需求、技术和制度三方面揭示了运输业发展。他认为，运输业发展与需求、相对要素价格变化、运输技术和制度交互作用，运输业发展存在于这些因素相互支持和相互制约的关系网络中。运输发展内生于需求、相对要素价格变化、运输技术和制度的交互作用。该理论深入分析了需求和相对要素价格对运输技术变迁方向和速率的影响，分析了运输技术自身变迁过程中的演进和路径依赖特性；深入研究了包括运输企业、运输市场、政府、产权、运输技术创新方式及其研究机构、意识形态、文化传统等制度对运输技术创新和运输基础设施发展的影响；分析了运输技术没有发生重大变化的情况下，制度变迁对运输生产率变化的影响。

上述几个方面的理论从不同角度对交通运输业发展的核心驱动力作了细致分析，并通过经验研究总结了交通运输业的发展规律。然而，由于各理论提出的时代背景不同，对促进交通运输发展的关注点也有很大差异。在当今资源环境的约束下，可持续发展成为共同理念，交通运输的负外部性日益凸现，上述三方面的理论已经不足以揭示现阶段交通运输发展的一般规律。鉴

于此，借用经济学中效用的一般概念，将效用概念引入交通发展领域。在此基础上提出了交通的社会效用曲线，并对交通发展阶段以新的诠释。

二、交通的社会效用曲线

（一）交通的社会效用概念

1789 年，英国学者边沁首先提出效用（Utility）概念。在此基础上，1862—1874 年间，"边际效用学说"由杰文斯、门格尔和瓦尔拉斯等人提出并成熟。"效用"由此逐步发展成为现代微观经济学最基础和最核心的分析概念。在经济学中，效用指消费者消费或拥有一定数量的某种商品时所获得的满足程度，是用来衡量消费者从一组商品和服务之中获得的幸福或者满足的尺度。边际效用是消费者消费最后一单位商品时所获得的效用，或者说，在假定其他商品的消费量保持不变的条件下，消费额外一单位追加商品时所带来的追加的或额外的满足。一般存在着边际效用递减的规律。

服务是交通的本质属性，交通系统是否适应社会需要，运输服务是否满足民众需要，交通发展的质量和效果如何，最终都要以社会公众获得交通服务的满意度来衡量，这在很大程度上符合效用的本意。因此，我们从经济学中效用的一般概念出发，将效用概念从一组商品消费所获得的效用扩展到对交通产品消费所获得的效用上，从而将效用概念引入交通行业。**交通的社会效用**

就是社会对交通促进经济发展和社会进步的满意程度。这里所讲的社会包括了社会机构和公众。

根据交通运输的属性，其所提供的产品是消费性服务、生产性服务和公共服务，因此社会消费的交通产品组合可以概括为三类：**消费服务**(E)、**生产服务**(M)**和公共服务**(S)。而这三类服务都与基础设施(I)及其网络构成乃至各种运输方式的衔接直接相关，基础设施及其网络构成隐含在三类交通产品的函数中。

交通的社会效用不仅反映了交通运输的本质属性，也反映了交通运输的外部性，是对交通运输发展的综合效益评价，也是交通行业落实“以人为本，全面、协调、可持续发展”的科学发展观的衡量尺度。因此，实现交通的社会效用最大化是交通运输发展的永恒追求，这与“三个服务”（即服务国民经济和社会发展全局、服务社会主义新农村建设、服务人民群众安全便捷出行）的要求本质上是一致的。交通运输发展只有更好地服务经济社会发展全局，更好地服务社会主义新农村建设，更好地服务人民群众安全便捷出行，才能实现其社会效用的最大化。评价交通运输发展的成效，既要看交通基础设施的发展，又要看运输服务水平的提高；既要看当前的交通运输发展，又要看长远发展的可持续性；既要看城际交通发展，又要看农村交通变化；既要看交通运输自身发展，又要看对经济社会的贡献。

(二)交通的社会效用曲线

根据交通的社会效用的概念,运用微观经济学原理,可以建立交通的社会效用函数。交通的社会效用函数的自变量选择消费服务 E、生产服务 M 和公共服务 S,它们又都是基础设施 I、技术进步及创新 K 和政府管理 G 的函数。效用函数为

$$U = U_{+}(E,M,S) - U_{-}(E,M,S)$$

其中 $E = f_1(I,K,G)$, $M = f_2(I,K,G)$, $S = f_3(I,K,G)$, U、U_{+}和 U_{-} 分别是交通的总社会效用、正社会效用和负社会效用。

社会在消费交通产品时,可以获得正效用,正效用来源于其消费三类交通产品所获得的满意程度。而且,交通的公共服务具有非完全排他性,因此在消费过程中会产生更多的消费者剩余,这些都可以归结到正的社会效用。另一方面,消费交通产品可能具有负面影响,比如,产生交通拥挤、对资源的占用、对环境的破坏和带来交通事故损失等负外部性以及政策时效性造成的偏差等负面影响,这些负外部性和负面影响对社会体现为负的社会效用。

通过以上规定的效用函数,再加上预算约束,则可以形成一个完整的消费决策过程。这里可以把一个国家某个发展阶段的经济社会发展水平作为消费交通产品的预算约束,比如用人均 GDP 来表达,从而建立起经济社会发展阶段与交通产品的一一对应关系。预算约

束条件为：

$$C = P_E \cdot E + P_M \cdot M + P_S \cdot S$$

其中，C 为平均 GDP 水平下的交通消费预算约束，反映了其在某一社会发展阶段对交通产品的消费能力；P_E 为交通消费性服务的综合价格，E 为消费消费性服务的量；P_M 为交通生产性服务的综合价格，M 为消费生产性服务的量；P_S 为交通公共服务的综合价格，S 为消费公共服务的量。一定的社会经济条件决定了各种交通产品的价格水平以及人们的收入水平，因此就对应着一定社会发展阶段的交通产品消费决策。

下面我们对交通社会效用函数的正效用和负效用分别进行分析。从社会对交通促进经济社会发展的满意程度来理解，正效用随着经济社会的发展具有先缓慢增长，再加速增长，接着又缓慢增长，最后逐渐稳定的发展过程。这类似于 S 形曲线特征，既 Logistic 曲线特征。该曲线来源于生物学理论。生物生长过程会经历发生、发展、成熟三个阶段，而每个阶段的发展速度是不相同的，开始较慢，中间较快，后期越来越慢。具有这种变化特征的曲线称之为生长曲线。本研究以类比的方法用生长曲线模型来研究交通正社会效用的发展规律。

根据生长曲线特点的描述，令 $\mathrm{d}y_t/\mathrm{d}t$ 为变量 y_t 的增长速度，则可由 y_t（代表交通的发展规模）的时均增长率构造如下微分方程：

$$\frac{\mathrm{d}y_t/\mathrm{d}t}{y_t} = k(L - y_t)$$

当 y_t 很小时，可视为 $L-y_t \approx L$，则增长速度 $\mathrm{d}y_t/\mathrm{d}t \approx kLy_t$，其中 k、L 均为正常数，增长速度 $\mathrm{d}y_t/\mathrm{d}t$ 随着 y_t 的增大而增大。但当 y_t 逐渐增大时，$L-y_t$ 逐渐变小，故增长速度又由大逐渐变小。当 $y_t \to L$ 时，$\mathrm{d}\ -y_t/\mathrm{d}t \to 0$，即 L 为 y_t 的极限值。解上述微分方程可以得到：

$$y_t = \frac{L}{1 + ae^{-bt}}$$

其中 a、b 均为正常数。根据生长曲线的特点，利用高等数学中求函数曲线拐点的方法，可把 y_t 划分为四个阶段，如图 8 所示，其特性值如表 3 所列。

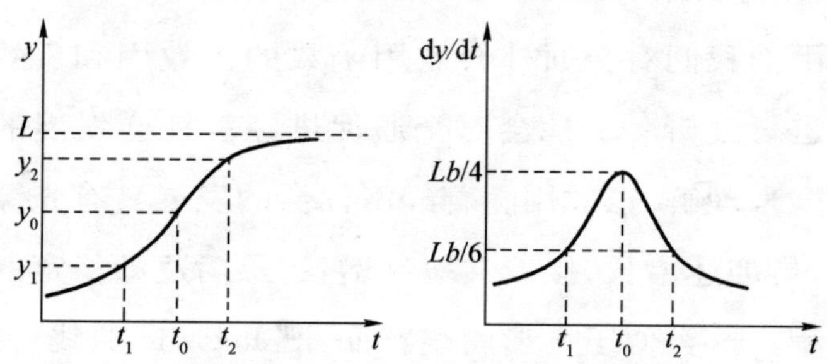

图 8　发展过程和发展速度示意曲线

表 3　生长曲线的系统发展过程分析

t	y_t	$\mathrm{d}y_t/\mathrm{d}t$	发展时期	发展性质
$[0,t_1)$	缓慢上升	上升	起步期	发展缓慢
t_1	$L(3-\sqrt{3})/6$	$Lb/6$(拐点)		
(t_1,t_0)	迅速上升	上升	成长期	发展快速 发展持续
t_0	$L/2$(拐点)	$Lb/4$(极大)		
(t_0,t_2)	继续上升	下降	成熟期	
t_2	$L(3+\sqrt{3})/6$	$Lb/6$(拐点)		
$(t_2,+\infty)$	趋于平稳	下降	衰退期	发展停滞

从上述图表可以看出，在起步期，系统发展速度$\left(\frac{dy_t}{dt}\right)$缓慢，逐渐上升至$\frac{Lb}{6}$；在成长期，系统处于迅速发展阶段，具有较高的发展速度，由$\frac{Lb}{6}$迅速上升至$\frac{Lb}{4}$的最大值；在成熟期，系统发展速度虽然逐渐下降，但仍然保持较高，即大于$\frac{Lb}{6}$；在衰退期，系统发展速度逐渐下降，直到趋于0，系统停止发展。

类比生长曲线模型的特性，可以发现，交通的正社会效用随着经济发展阶段的变化呈“S”变化趋势。可抽象绘制成下图中的U_+曲线。

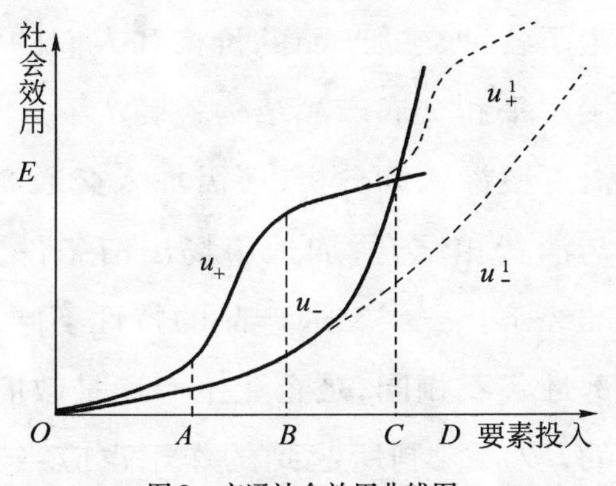

图9　交通社会效用曲线图

由于要素投入水平与交通发展的阶段存在着一一对应关系，因此在函数设定中引入时间变量，其表达的含义相当于交通社会效用曲线图中的要素投入水平。

另一方面，在一定社会经济发展条件下，在新发展阶段的初期，负的社会效用很小，增长也很缓慢。然而，随着交通要素投入水平的提高，在技术和制度条件不变的前提下，交通的负外部性快速增长，呈现指数增长的态势，因此与 Logistic 曲线相对应，我们用指数函数来表达交通的负社会效用，抽象绘制成图中 U_- 曲线。在两曲线的交点 C 的左边，正效用曲线始终处于负效用曲线的上方，所以这一阶段用于交通发展的要素投入所带来的社会效用就始终为正；当超过 C 点后，由于正效用小于负效用，所以交通发展的社会效用就会出现小于零的情况（如超过了资源、环境的限制）。

在上述分析下，作为交通产品的消费者，即社会公众，其消费决策就是在一定预算约束水平下，如何使其正效用减去负效用的差值达到最大化。一定的社会经济条件决定了各种交通产品的价格和人们的收入水平，因此其效用水平和交通产品结构就确定了。

如果需要更深入的分析，还需加入交通产品的生产方。生产与消费相结合，加上市场出清条件，就构成了一个完整的经济。三类交通产品的特性不同，生产技术条件和外部性各不相同，是企业生产还是政府提供也是需要考虑的，政府规制所起到的作用也应当表达，公共服务的正外部性也需要体现，比较复杂，对本研究的分析没有太大帮助，因此这部分工作留待以后进一步完善。

三、交通运输发展的社会效用分析

结合交通的社会效用曲线图来对交通发展不同阶段及与社会效用关系的一般发展趋势进行分析。根据交通正、负社会效用的变化曲线，分析交通总社会效用的变化趋势，可以看出从社会效用的角度，交通发展可以分为三个不同的阶段。

第一阶段(OA)，总社会效用起步期，对应于交通发展初期。此时经济发展处于前工业化时期，工业化水平低，城市化进程缓慢，交通运输需求增长平缓。随着要素投入增加，交通基础设施建设、运输发展带来的正社会效用增长较为平缓，社会对于交通建设的评价较高，而因为规模小、影响面小，资源占用、环境损害、事故损失等也都比较小，交通的负社会效用增长很慢。这个阶段的主要特征是交通正社会效用显著高于负社会效用，因此交通总社会效用为正，并呈逐渐扩大趋势。这个阶段交通基础设施尚没有展开大规模建设，网络覆盖率很低，汽车基本没有进入家庭，交通只能满足较小规模的生产和较低水平的生活需求。交通基础设施规模较小，运输能力总量不大，交通发展的正社会效用增长较快，而负社会效用很小，几乎不用考虑。

第二阶段(AB)，总社会效用成长期，对应于交通加快发展阶段。此时经济发展处于工业化前期，工业化加快发展，城市化进程逐步加快，带来运输需求的快速增长，交通基础设施加快发展，总量规模不断扩大，交通的正社会效用快速增长，同时，交通发展占用资源规模迅速扩大、环境影响明显增加、交通事故损失急剧上升等方面问题开始引人关注，交通的负社会效用开始较快增长。这个阶段交通的正社会效用增长仍然显著快于负效用增长，社会总效用逐步增加到最大值。这一阶段对应的是交通进入大规模建设时期，网络逐步扩大，运输能力同步增长，汽车开始进入家庭，交通快速发展，需要努力适应经济社会发展对交通网络规模和运输能力的要求。此阶段交通发展在充分重视正效用增长的同时，开始关注负效用的减少。

第三阶段(BC)，总社会效用衰减期，对应于交通网络形成阶段。此时经济发展处于工业化后期，重工业规模继续扩大，城市化快速推进，服务业加快发展，比重快速提高，这个阶段运输需求依旧旺盛，但增长速度有所降低，交通正社会效用增长减缓。同时伴随着交通发展带来的资源占用、环境影响、交通事故损失等问题日益突出，以及许多曾经行之有效的政策由于时效性产生诸多负面影响，交通发展带来的资源大规模占用、环境影响加剧、交通事故损失巨大等负外部性问题非常突出，交通增长的负效用急剧上升。这个阶段交通的社会总效用仍然为正，但却逐步从最大趋向于零。这个阶段对应的是交通基础设施大规模建设完成期，网络逐步扩大并趋于完善，运输能力迅速提升，汽车全面进入家庭，需要满足工业化发展和现代社会生活的大运量、多层次、多功能的交通需求。此阶段交通发展仍然处在快速发展期，在关注交通的正效用增长的同时，必须充分重视负效用的减少。

世界交通发展的经验表明,发达国家处在第二阶段后期时,已经开始充分认识到交通负效用迅速增长带来的问题,突出强调安全、环保、节能、循环经济、需求管理等新的发展理念,通过体制机制创新和政策引导,大力支持高新技术应用,如智能交通系统、现代物流技术、材料再生技术以及车辆节能减排技术等的开发与应用,使交通发展进入新一轮发展周期,提高交通正效用的增长空间(正效用曲线移向 u_{+}^{1}),拓展交通发展新的空间,使社会负效用曲线向后推移(负效用曲线移向 u_{-}^{1}),如图9中虚线所示。正因为如此,发达国家在交通发展的第三阶段实现了发展方式的转变,成功避免了总社会效用不断减少的趋向,更没有出现社会效用为负的情况。

专栏7:发达国家交通发展阶段

在工业化的初级阶段,纺织工业和冶金原材料工业等成为经济主导产业,因为货物运输需求的变化,以机械动力为标志的现代交通运输开始得到发展,各种运输方式相继出现。这一阶段交通运输的发展很好地支撑了经济社会的发展需要,交通正效用远高于负效用,其外部性主要表现在正效用上。

在工业化较高阶段,即当工业化发展到机电和化学工业为主的阶段时,经济社会和运输需求处于快速增长时期,运输也开始进入较高水平。在20世纪40年代到20世纪70年代前后,发达国家进入交通基础设施大规模建设时期,对交通基础设施的建设、占有、使用进行管制,主要由政府投资,并充分借助市场经济的手段，整体推进国家高速公路网等重大交通基础设施建设。这一时期，交通发展的任务和重点是扩充运输能力，主要途径是大规模新建交通基础设施和增加运输装备，主要措施是加大资金投入。交通运输发展以扩能增量为主要目标，发展方式属于粗放型。交通的负效用开始显现，但并不明显，其外部性仍为总效用逐渐增大。

20世纪70年代后，随着交通基础设施网络的基本建成和经济社会的持续发展，产业结构、产品结构、收入水平、消费结构等发生变化，交通发展面临的重大问题和主要矛盾是运输供给质量不高，交通的负效用开始凸显，交通发展的任务和重点主要是提高交通运输的服务水平和效率，交通的外部性表现为总效用呈现不断减小的趋势。政府开始放松对运输业的管制，充分发挥市场机制的作用，通过政策引导和科技进步加快运输系统的升级改造。

进入20世纪90年代，美国、日本和欧洲制定交通发展战略或发展政策时，其最高目标或第一层次目标不仅包括扩大交通运输的正外部性，如提高交通运输的机动性和可达性，促进国民经济增长和对外贸易发展，保证国防安全等，更重要的是突出强调了政府对交通的再管制，即减少交通运输的负外部性，包括保障客货运输安全，减少交通事故伤亡人数和财产损失，减轻交通发展对生态的破坏和对环境的污染，降低交通发展对外部资源的占用与消耗。以1992年的联合国环境与发展会议为标志，发达国家政府更加注重发展环境友好型交通，推进节能减排和提高能源利用效率，实现可持续发展。

分析中国交通运输现阶段呈现出的基本特征，可以判断中国交通运输发展目前大致处在**第二阶段向第三阶段的过渡时期**。基础设施基本成网，公路网的主骨架"五纵七横"国道主干线于2007年底基本贯通，交通供给质量明显提高，交通发展的正效用还在快速增加。但与此同时，交通运输发展对土地占用、环境影响以及能源消耗所带来的负效用逐渐凸显，曾经有力促进了交通运输发展的一些政策措施在现阶段也呈现出负效用迅速扩大的趋势，交通运输发展的空间受到挤压。因此，无论从实现经济社会发展和交通运输可持续发展的客观需要，还是从尊重客观规律和借鉴国外成功经验的角度出发，进入这个发展阶段，交通运输都需要转变发展观念，创新发展模式，在继续重视提高交通正效用的同时，积极减少交通发展的负效用，推进现代交通运输业的发展，实施新的交通运输发展战略。

第三章　发展现代交通运输业的战略定位

第一节　交通运输与现代服务业

一、现代服务业及其特征

(一)现代服务业的概念与范畴

《辞海》对"服务"的定义是,不以实物形式而以提供活动的形式满足他人某种需要的活动。在西方经济学文献中,对服务定义也是多种多样的。如美国学者 W·里根给出的定义是,服务代表着能够直接产生满足感(如运输、住宿等)的无形物,或与其他产品或服务(如信用、送货)一道购买并共同产生满足感的无形物。美国学者菲利浦·科特勒对服务的定义是,一方能向另一方提供的、基本上属于无形的,并不产生对任何事物的所有权的一种活动或好处;服务的生产可能与物质产品相关,也可能不相关。尽管各种定义表述方式不同,但都揭示了服务的本质属性,即非实物性、生产和消费的同时性、不可储存性。

服务业是为生产或生活提供服务的经济部门或企

业的集合，是指除工业、建筑业、农业之外，主要以提供"劳务"为目的产业，如金融、餐饮、教育、科研等。服务业生产的特征是以服务形式提供满足社会生产需要和人们消费需要的各种使用价值。

服务业具有三个基本特点：①服务业生产的产品是非实物的。与工业和农业比较起来，服务业的产品是无形的，但是服务业生产的产品，无论是什么表现形态，都能满足生产和消费的某种需要，因而都是具体的社会产品，同样具有价值和使用价值二重属性。②服务业范畴在不断发展延伸。传统服务业是以生活服务业为主，20世纪50年代以来，第三产业发生了巨大变革，产业升级和新兴业态的现代服务业迅速发展。在现代服务业中，不仅生活服务业有了新的发展变化，而且生产服务业、社会服务业等也迅速分离并发展起来。③服务业的发展水平是与经济社会发展水平相对应的。服务业作为一种产业，其产生和发展是由社会生产力水平所决定的，在服务业形成和发展的不同历史区间，其所包含的范围在质和量上都存在很大差别，比如现代服务业的内容和范围与传统服务业就有很大不同。

从不同的角度可以将服务业划分为多种不同的类型。按照产生的顺序可以将服务业划分为传统服务业和新兴服务业；从服务对象的角度可以将服务业分为生产性服务业和消费性服务业；从是否营利的角度可以将服务业划分为公益性服务业和盈利性服务业。

专栏8:服务业的分类

国际上有关服务业的分类

目前国际上有关服务业的产业分类规范体系主要有:国际货币基金组织1993年颁布的"国民账户体系"和"国际收支手册";联合国1990—1998年先后颁布的"全部经济活动的国际标准产业分类"、"产品总分类"、"扩大国际收支服务分类"和"国际商品贸易分类";经合组织和欧洲统计局1996年联合颁布的"联合贸易分类";1991年的"关税及贸易总协定";美国普查局2002年颁布的"北美标准产业分类"等。

中国国家统计局的分类

国家统计局2003年5月14日印发的"三次产业划分规定"将三次产业划分如下:

第一产业是指农、林、牧、渔业;

第二产业是指采矿业,制造业,电力、燃气及水的生产和供应业,建筑业;

第三产业包括14类:①交通运输、仓储和邮政业;②信息传输、计算机服务和软件业;③批发和零售业;④住宿和餐饮业;⑤金融业;⑥房地产业;⑦租赁和商务服务业;⑧科学研究、技术服务和地质勘查业;⑨水利、环境和公共设施管理业;⑩居民服务和其他服务业;⑪教育;⑫卫生、社会保障和社会福利业;⑬文化、体育和娱乐业;⑭公共管理和社会组织,国际组织提供的服务。

现代服务业是相对于传统服务业而言的。在国际上，“现代服务业”最早是由美国社会学家丹尼尔·贝尔提出的。贝尔认为，工业社会的服务业主要是交通运输业和零售业，后工业社会的服务业主要是现代服务业。

在中国关于现代服务业的提法是在政府的文件中最早提出的。党的十五大报告中最早出现“现代服务业”一词，在报告中提出社会主义初级阶段是由农业国向包含“现代服务业”的工业化国家转变的历史阶段。党的十六大报告中则明确提出，“加快发展现代服务业，提高第三产业在国民经济中的比重”，从而使现代服务业成为中国产业发展政策中的一个正式提法。2007 年 3 月颁发的《国务院关于加快发展服务业的若干意见》中，有两处提到现代服务业，分别是：“重点发展现代服务业，规范提升传统服务业”和“大力发展现代服务业，促进服务业升级换代，提高服务业质量”。

在产业经济学理论中还没有关于现代服务业的准确概念和范围，形成的一些基本共识是：

现代服务业是在工业化比较发达的阶段，伴随着制造业的发展和分工的深化出现的，主要依托信息技术和现代管理理念发展起来的技术和知识相对密集的服务业。例如，现代物流业就是一种典型的现代服务业。它是在“二战”之后，为适应工商企业降低成本而专业化“外包”运输、仓储等业务的需求，依托 EDI、GPS、电子商务等信息技术与现代供应链管理理念发展起来的技术密集型和知识密集型产业。现代服务业既包括新兴的

服务业，也包括“现代化”了的传统服务业。

新兴服务业主要是为企业产前、产中和产后提供服务的生产性服务业。如研发设计、营销策划、管理咨询、会计审计、物流配送、法律服务等。这些生产性服务业正日益成为工业增长必要的中间投入，并且投入的数量、质量和方式，越来越代表着工业增长的现代化程度。

“现代化”了的传统服务业主要是指运用现代信息与管理技术改造升级后的传统服务业。它们的生产和供给均借助于现代技术与管理模式，服务手段日新月异，具有鲜明的时代特征。

（二）现代服务业的基本特征

与传统服务业相比较，现代服务业一般具有以下基本特征。

1. 与生产过程紧密结合

传统服务业的对象主要是终端消费者，其价值构成主要是提供最终的社会消费。而现代服务业的许多部门是从物质产品的生产过程中分离出来的，与传统服务业主要为产业链的下游消费者提供生活性服务业不同，现代服务业贯穿产业链的全程，为生产企业提供全方位服务。它的服务对象主要是从事生产活动的企业，其产品多是一种中间投入，其发展与物质产品生产紧密结合。物质产品的生产为现代服务业的成长提供了市场和动力。生产性服务的外部化进程与专业化发展取决于市场需求的强度和实际容量。在服务业增加值中，发达国家生产性服务业约占70%。

2. 技术、知识、人才密集

现代服务业的生产和供给广泛借助于现代信息技术和现代管理模式，是在高科技技术、高素质人才、高水平管理支撑下发展起来的新型服务业，既包括技术、知识密集型的新兴服务领域，也包括经过技术改造的劳动力密集型传统服务业。现代服务业主要是在科学技术发展和生产专业化分工更为精细的条件下，以运用智力资源为主，以高素质人才为产业竞争力核心，由专业技术服务机构应用专业知识和专门技能，为客户提供某一领域的特殊服务。要求从业人员必须具有良好的教育背景，掌握专业基础知识，既要熟悉行业的业务，也要具备较高的技术和管理能力。因此具有知识、技术和人才密集性的特性。

3. 增值性强，附加值高

现代服务业处于产业链中的利润高端，产出附加值较高，是提高经济效益的重要途径。在整个价值链中咨询、创意、研发、设计、销售、物流、售后服务等服务活动的价值含量日益增加。在现代"服务经济"中，虽然最大的销售额来自产品，但是最高的利润却来自相关的服务。在欧美发达国家，汽车、计算机行业80%的利润来自服务过程，而制造过程只能获得20%的利润。所以，虽然最大的销售额来自产品，但是最高的利润却来自相关服务。

4. 高集聚、广辐射

现代服务业可以产生服务的规模效应和各种服务相互融合的集聚效应，从而引起服务的大幅度增值。例如现代物流就是通过整合集聚运输、仓储、装卸、加工、整理、配送、信息等各方面资源，向供应链上下游辐射，来有效降低经济成本，提高经济运行效率。

此外，现代服务业还具有低消耗、低污染和高效益特征，依托高科技手段，不仅大幅度提升了服务效率，也显著减少了自身发展产生的负外部性，已成为推进经济结构调整、转变经济增长方式的重要途径。

按当前 WTO 国家通行的世界贸易组织统计和信息局（SISD）公布的分类方法，服务业可分为 12 大类 155 个项目，交通运输服务业为第 11 大类。按当前世界各国通行的 CPC（United Nations Provisional Central Product Classification，联合国临时中央产品分类标准）的分类，“运输、仓储、通信”属第 7 大类，归属于服务业。中国《国民经济和社会发展第十一个五年规划纲要》也把交通运输业作为服务业的重要组成部分，并把交通运输业确定为优先发展的领域，进一步明确了交通在国民经济体系中的地位和作用，对交通发展的服务性要求更加突出。

交通运输也是现代服务业的重要组成部分，对现代服务业发展起着重要推动作用。交通运输与现代物流业发展密切相关，在由多个环节构成的物流链中，交通运输是唯一能将各环节有机串联起来的关键性一环，是现代物流业的基础。而现代物流业以先进的运输生产组织方式和管理技术为手段，不仅能够充分发挥各种运输方式的优势，而且能够向供应链上下游扩展业务，提供物流延伸服务和增值服务，是交通运输发展的高级阶段，充分体现了现代服务业的基本特性与要求。

二、交通运输的基本属性及现代交通运输业

（一）交通运输的基本属性

交通运输是国民经济的基础性产业，也是服务性行业。交通运输的基本属性主要体现在以下几个方面。

（1）基础性。交通运输是经济社会发展的基础性产业，对生产、流通、消费等各个环节有着广泛和重要的影响，是国家对外贸易、国土与资源开发、生产力与城镇布局、地区之间社会经济联系的必要条件，关系着经济竞争能力与国家安全。比如，公路基础设施建设是扩大内需、拉动经济的强有力手段。根据专家测算，国内修建一级以上的高等级公路平均每公里概算投资为近2000万元，需投入沥青约500吨、钢材约300吨、水泥约4000吨，其直接拉动需求作用不言而喻；同时公路建设还将带动筑路机械设备制造行业、建材行业、特色农产品生加工、养殖业等的快速发展，成为繁荣市场、吸引投资的重要途径。

(2)先导性。交通运输在生产力布局、区域协调发展、城镇化进程中的先导性作用明显。所谓交通先行，强调要适度超前，就反映了这个作用。工业产业沿主要运输通道布局的特点非常突出，如高新技术产业沿高速公路布局，高耗能、高耗水的重化工产业沿海沿江布局；交通运输网络的建设对国土开发、城乡协调发展、城市群和经济区域的形成发挥着重要作用。随着高速公路的迅速发展并连通成网，对国土开发、产业聚集、城镇体系建设和区域协调发展等发挥着更加重要的作用；按照建设社会主义新农村的要求，加快农村公路发展，将成为促进城乡协调发展的重要基础条件；海运作为国家融入经济全球化的战略通道，是提高国家经济竞争能力，应对国际突发事件和提高国防安全的基础保障；港口作为综合运输体系的重要枢纽，是国家对外贸易的重要门户，也是沿海沿江城市及所在区域经济发展的重要依托。这些都表明，交通对资源配置的先导性作用十分明显。

(3)服务性。交通运输是物质生产部门，其产品是一种服务。19 世纪中叶，马克思在《资本论》中指出，运输业既具有物质生产的共性，又具有区别于一般物质生产的特性，他认为运输业是生产过程在流通过程内的继续，是除了开采业、农业和加工制造业以外的“第四个物质生产领域”，而且“运输业所出售的东西，就是场所的变动本身。”其产品是指，在一定的时间期限内，利用一种或多种运输工具，实现客户所需要的从起始地到最终目的地的货物（客、货）位移服务。因此，运输的产品是一种位移服务，具有不可储存性、生产和消费的同时性等，其创造的价值也蕴含在所运输的物质产品中，这些都是服务行业产品的特征。因此，服务是交通运输的本质属性。

当前交通运输的服务性作用越来越凸显，其范围已全面涵盖生产性服务、消费性服务和公共性服务等各个服务领域。生产性服务表现为交通运输面向国民经济的所有生产部门，服务过程贯穿于社会生产各方面，是与生产关联度最高的行业之一；消费性服务表现为交通运输面向人民群众的日常生活，服务对象涵盖所有社会群体和个体，是惠及千家万户的普遍性服务；公共性服务表现为交通运输面向和谐社会建设，促进就业、改善民生、巩固国防等。

在交通运输的基础性、先导性与服务性属性中，服务是贯穿三者的核心。服务性的本质表现在交通为经济社会运行提供“人便于行，货畅其流”的运输服务；基础性和先导性本质表现在交通为经济社会发展、产业布局和国土开发提供物质基础和先决条件，都是通过运输服务实现的，统一于“服务性”，服务性是交通运输的本质属性，突出强调交通的服务性是新时期交通发展的主题。

交通作为传统产业，由于长期以来滞后于国民经济的发展，基础设施严重不足，在加速缓解瓶颈制约的发展中，由于历史条件的限制，往往容易更加重视自身基础设施的建设和运输工具的增长，而服务意识和服务品质有待进一步提升；同时更多是依靠资金和资源等要素投入来实现数量和规模的扩张，而依靠技术创新和管理创新来促进质量和效益的提高仍显不够，增长方式比较粗放、不够集约。例如，中国载货汽车百吨公里油耗要比发达国家高出 1 倍以上，公路货运车辆的空驶率要比发达国家高出 10 ~ 20 个百分点，而且交通建设材料的再生利用水平远低于发达国家，交通运输对环境的污染程度远高于发达国家，"高消耗、高排放、低效率、难循环"的粗放型增长方式依然存在，向集约型增长方式转变的发展空间还非常大；发达国家目前物流的费用仅占产品总成本的 10% 左右，中等发达国家为 12% ~ 15%，而中国目前仍在 18% 以上，中国物流服务业现有的水平与发达国家相比有很大的差距，具有很大的市场发展空间，交通运输作为物流业发展的关键环节，进一步拓展服务功能的空间还很大。

交通运输业既包括了传统交通业，也具有向现代服务业拓展的空间，是现代服务业优先发展的重要领域。因此，依托信息技术和现代管理手段，运用现代经营方式，拓展和提升服务功能，扩大服务范围，提高交通运输的机动性、便捷性和可靠性，降低运输成本，将能促进国民经济整体素质的提高。把交通运输定位为服务业，意味着交通要由传统产业向现代服务业转型。今后一个时期要最大限度地发挥交通运输的服务性功能,充分利用信息技术和现代管理手段,运用现代经营方式,提升传统交通运输业。同时,要进一步拓展交通运输的服务功能,扩大服务范围,发展现代物流,推进现代交通运输业的发展。

(二)现代交通运输业的内涵

发展现代交通运输业的最终目标是实现交通运输业的现代化。“现代化”是具有强烈时代特征的概念,目前中国正处在工业化、信息化、城镇化、市场化、国际化深入发展的新阶段,适应经济社会发展需求,推进交通运输的现代化,就是用现代科学技术改造提升传统交通业,拓展新型交通运输业态,走资源节约、环境友好的发展道路,促进各种运输方式协调发展,使其能够满足不断变化和发展的经济社会需求。参照发达国家交通运输发展经验,我们对现代交通运输业的基本内涵作出如下概括:**现代交通运输业是指依托现代科学技术和先进管理手段,着眼于满足现代经济社会发展需求,以支撑经济协调发展、促进社会全面进步、推动实现民富国强为目标,以科学发展理念引领交通运输,以现代科学技术改造交通运输,以拓展服务功能提升交通运输,通过理念创新、科技创新、体制机制创新和政策创新而构建的基础设施网络化、公众出行便捷化、货物运输物流化、运营管理智能化、公共服务人性化、资源环境最优化**

的交通运输体系。

现代交通运输业的主要特征如下。

1. 基础设施网络化

网络化的基础设施是现代交通运输业最基本的特征。建设层次分明、布局优化、结构合理、功能完善的基础设施网络，形成由国家高速公路、国道主干线与国家重点公路构成的全国骨架公路网、一般国省干线构成的区域干线公路网、县乡公路构成的农村公路网。建设分工合理、优势互补、相互协作、竞争有序的港口体系，完善煤炭、石油、铁矿石、集装箱等专业运输系统，加快国家高等级航道建设，强化港口集疏运系统。加强综合客运、货运枢纽建设，完善运输枢纽布局与功能，构筑高效运行的运输枢纽系统。

2. 公众出行便捷化

安全、便捷、舒适乃至个性化的公众出行系统是现代交通运输业最本质的内涵之一。以网络化的基础设施为依托，以换乘衔接紧密的客运场站为节点，以技术先进、舒适清洁的车辆为载体，构建由快速客运、干线客运、农村客运和旅游客运等组成的城乡客运相互衔接的多层次客运网络体系，提供容量大、效率高、成本低、污染小、质量优、安全好的公众客运服务。

3. 货物运输物流化

经济、可靠、高效的货物运输系统也是现代交通运输业最本质的内涵之一。以网络化的基础设施为依托，以转运衔接紧密的货运场站为节点，形成便捷的以现代物流服务为特征的货运运输网络，改造和提升传统货运业，实现传统运输突出的“运”向现代物流的全方位服务转变。

4. 运营管理智能化

运营效率与管理水平是现代交通运输业的重要标志。以信息化、网络化为基础，向智能型交通发展。建立智能化的交通综合信息服务与运营管理系统，以市场为导向、以企业为主体的现代电子商务系统，面向公众服务、实现办公自动化的电子政务系统，实现交通生产力的跨越式发展。

5. 公共服务人性化

公共服务人性化是现代交通运输业发展的核心理念。现代交通运输业的发展目的是为了人，满足人民群众的根本需要。现代交通运输业的发展应该有利于人民群众物质生活水平的提高，有利于人民群众更加公平地享受社会发展的成果，有利于为人民群众创造更多的发展机会。构建惠及全民的交通公共服务体系，使人文关怀、人性服务贯穿于交通建设、运输服务的始终，实现覆盖范围更广、服务水平更高的货畅其流、人便于行。

6. 资源环境最优化

资源环境最优化是现代交通运输业发展方式的重要体现。现代交通运输业的发展充分考虑资源环境的承载力，以资源节约、环境友好为主线，通过优化产业结构、提高发展质量、节约集约利用资源、促进绿色发展、强化安全监管、强化科技创新和提升公共服务能力等，实现发展方式由主要依靠物质消耗的外延粗放型向依靠科技进步、劳动者素质提高和促进资源节约环境友好的内涵集约型转变，实现交通与经济社会协调、与自然环境和谐发展。

第二节　发展现代交通运输业的深刻内涵

一、发展现代交通运输业的内涵

发展现代交通运输业，就是**用现代科学技术和管理技术改造和提升交通，提高交通基础设施、运输装备的现代化水平和运营效能；适应现代服务业发展要求，不断拓展交通服务领域；走资源节约、环境友好发展之路，促进综合运输体系发展，提高交通运输现代化水平。**

首先，发展现代交通运输业是新时期交通运输行业贯彻落实科学发展观、做好“三个服务”的能动体现。实践是马克思主义的基本观点，也是科学发展观的鲜明特征。科学发展观，第一要义是发展，核心是以人为本，基本要求是全面协调可持续，根本方法是统筹兼顾。发展现代交通运输业，突出强调的是以科学发展观为统领，坚持以人为本，依据经济社会发展的要求谋发展，从交通运输的本质属性出发谋发展。发展现代交通运输业，必须着眼于新的实践和新的发展，紧紧围绕“三个服务”，统筹交通建设与运输服务协调发展，统筹城乡区域交通协调发展，统筹交通与资源环境协调发展，统筹各种运输方式协调发展，推进现代交通运输业的发展进程，实现交通运输科学发展。

第二，发展现代交通运输业要充分利用现代科学技术改造和提升传统交通产业。以信息技术为代表的现代高新技术和现代管理技术推动了现代服务业的发展，也是改造和提升传统交通产业，拓展交通新兴服务领域的技术依托。要紧紧抓住现代科学技术迅猛发展带来的机遇，高度重视其在交通领域的集成应用，不断扩大应用范围和水平，大力提升工程质量与品质，提高基础设施的运营效率和服务水平；加快技术进步，改善产业组织，提高运输装备水平，推动传统产业升级；调整优化交通运输结构，全面改善运输服务水平，注重优化资源配置，提高资源利用效率，实现交通规模、质量和服务的协调发展。

第三，发展现代交通运输业要大力拓展交通服务领域。现代服务业与交通运输直接相关的就是现代物流。发展现代交通运输业，要适应现代服务业发展要求，延伸和拓展交通的服务范围和服务领域，进一步发挥公路水路技术经济优势，推动现代物流信息公共平台建设和物流技术开发应用，促进现代物流业发展；建立和完善交通行业服务标准体系；积极发展交通工程总承包、交通设计咨询、交通运输代理、交通商务服务等新兴交通

服务业务;扩展科技咨询、技术交易、成果推广、信息服务、检验检测、知识产权等交通科技服务。

第四,发展现代交通运输业要最大限度地降低交通发展所带来的负外部性。交通的负外部性快速增加是当前交通发展的显著特征,在推进现代交通运输业发展进程中,必须走资源节约、环境友好的发展之路,注重资源节约、环境保护,重视交通安全和社会公平,适时调整和完善相关政策,提高全行业的管理水平,最大限度地减少交通发展的负面影响,不断提高社会对交通发展的满意程度。

第五,发展现代交通运输业要推进综合运输体系发展。建设综合运输体系是现代交通运输的发展趋势。要充分发挥各种运输方式的技术经济特长,大力推进综合运输枢纽建设,积极发展多式联运,充分发挥一体化运输的综合效率,在运输方式之间实现"无缝衔接"和"零换乘",提高运输系统的整体效率,建设便捷、通畅、高效、安全的现代综合运输体系。

归纳起来,发展现代交通运输业实质就是不断提高交通运输现代化水平,实现交通运输现代化。发展现代交通运输业,解放生产力,实现交通运输现代化,在当前和今后一个时期就是加快交通由传统产业向现代服务业转型。在这一转型过程中,要以科学发展理念引领交通产业,以现代科学技术改造交通产业,以拓展服务功能提升交通产业,建设安全、通畅、便捷、经济、可靠、和谐的现代交通运输体系，实现基础设施网络化、公众出行便捷化、货物运输物流化、运营管理智能化、公共服务人性化、资源环境最优化。

二、发展现代交通运输业的基本要求

由于发展阶段、发展基础、发展条件的不同，传统交通业与现代交通运输业在发展理念、重点、方式、效果、手段、管理上也存在很大差异。传统交通产业在发展理念上，强调发展速度，追求扩大规模和提高能力，对发展质量、统筹协调、人文关怀等重视不够；在发展重点上，突出基础设施建设，运输服务体系建设比较薄弱；在发展方式上，“高消耗、高排放、低效率、难循环”的粗放型增长方式比较明显，对资源、环境等可持续发展因素重视不够；在发展效果上，突出“走得了、运得出”，对安全性、便捷性、经济性、公平性等关注不够；在发展手段上，主要依靠资金和资源等要素投入来实现数量和规模的扩张，技术创新和管理创新的支撑作用发挥不够；在行业管理上，强调管理、弱化服务，突出宏观调控和市场监管，忽视社会管理和公共服务。

发展现代交通运输业，是新时期交通行业的深刻变革，关键在于促进交通发展方式的根本性转变，要努力做到“三个转变”，即**交通发展由主要依靠基础设施投资建设拉动向建设、养护、管理和运输服务协调拉动转变；由主要依靠增加物质资源消耗向科技进步、行业创新、从业人员素质提高和资源节约环境友好转变；由主**

要依靠单一运输方式的发展向综合运输体系发展转变。

交通发展由主要依靠基础设施投资建设拉动向建设、养护、管理和运输服务协调拉动转变，这个转变，是针对中国交通增长长期过于依赖投资建设提出的。过去，交通基础设施严重短缺，是经济社会发展的瓶颈，不加快基础设施建设难以满足经济社会发展需要，在当时情况下，交通部门在建设上投入精力多一些，是必要的，也是符合经济社会发展实际的。现在尽管我们仍处在大规模交通基础设施建设时期，但在基础设施“量”的积累上已经具备了一定的规模，在继续加快交通基础设施建设的同时，必须注重发挥已经形成的基础设施的能力，通过加强维护、管理，提高已有设施的完好率和使用效率，通过改善服务，让基础设施产生更大的运输效益。

中国的运输服务当前还是相对滞后的，2004 年中国单车年均完成的货运周转量仅为 12 万吨公里，而与此同时，在加拿大和澳大利亚，这一指标达到了 180 万吨公里和 170 万吨公里。据 2003 年中国国内货代企业调查，从生产商到海外市场，内陆运输（大多数为道路运输）费用占全程运输费用的 2/3。交通基础设施的功能要通过运输服务来实现，有了好的基础设施，没有高效优质的运输服务，不是全面的发展。所以说，在发展内涵上，必须坚持交通建设与运输服务并重，统筹交通建设、养护、管理、运输的协调发展。

交通发展由主要依靠增加物质资源消耗向科技进

步、行业创新、从业人员素质提高和资源节约环境友好转变，这个转变，是针对交通增长中过于依赖物质资源投入提出的。中国开始大规模交通基础设施建设时，行业的技术能力、装备水平以及从业人员整体素质并不高，当时是边学习、边建设，边总结、边提高，发展主要依靠增加物质资源的投入是客观条件决定的，在交通基础设施和运输量规模比较小的时候，资源占用和环境问题也不突出，还没有成为发展的制约因素。经过十多年的快速发展，交通发展的基础和环境条件已经发生了很大改变，资源日趋紧张的状况已不可能给交通足够的发展空间，环境日益恶化的形势也不可能对交通运输网开一面。交通发展的需求还很大，唯有另辟新路，才能拓展空间，也就是要更多地依靠科技进步、行业创新和提高从业人员素质，走出资源节约、环境友好的交通发展新路子。应该客观地看到，交通行业科技水平、创新能力、人员素质已经有了很大改善，为实现发展方式转变提供了条件，同时与发达国家相比还有较大差距，还有很大提升空间。

有关资料显示，交通科技成果推广率为40%左右，转化率为20%～30%，远低于发达国家水平；标准规范体系仍显滞后，如现有标准规范体系中运输服务、安全、资源节约、环境保护等方面的标准比重偏低，有待进一步补充完善；高层次、高技能人才短缺，人才资源的地区分布不均衡，据统计，西部地区交通投资约占全国的22%，

但专业技术人员仅占全国的17%。这些都说明实现这个转变，我们还有很大潜力。

交通发展由主要依靠单一运输方式的发展向综合运输体系发展转变，这个转变，是针对公路水路交通与其他运输方式衔接不够、运输效率不高的问题提出的。在交通基础设施总量不大、能力不足、没有形成网络时，各种运输方式独立发展，发挥各自技术优势，为经济社会提供运输服务，这是世界各国交通发展的普遍规律。但当各种运输方式各自形成一定网络规模后，实现网络的有效衔接、运输资源的优化配置、运输效率的有效提高，又成为发展的必然要求，也是世界交通发展的共同趋向。中国交通发展已经进入这个阶段，各种运输方式都初步形成了网络，在继续扩大和完善网络的过程中，必须走向相互衔接、相互融合，建立综合运输体系，发挥交通网络的最大效益，为经济社会提供高效优质的运输服务。

实现这"三个转变"是落实发展现代交通运输业重大战略的重要标志，集中体现在：

——在发展理念上，坚持以人为本、好中求快、全面协调和可持续发展，推进交通运输科学发展。以人为本，就是把实现好、维护好、发展好最广大人民群众的根本利益，作为交通运输工作的出发点和落脚点，使人文关怀、人性化服务贯穿于交通建设、管理和运输服务始终；好中求快，就是要处理好快与好的关系，坚持好字优先，着力提高交通发展的质量和效益；全面协调，就是要统筹好交通基础设施建设、交通运输市场监管、支持保障系统以及行业精神文明建设，促进城乡区域交通一体化发展；可持续发展，就是要坚持走资源节约、成本节约、生态良好的文明发展之路。

——在发展重点上，充分发挥市场机制与政府宏观调控的双重作用，促进基础设施、运输服务、支持保障等方面协调发展。在保持交通基础设施、运输装备等在总量、规模适度增长的同时，不断调整优化基础设施、运输装备、运输服务的布局结构、技术结构等，大力提升建设工程的质量与品质，全面提高客货运输安全与服务水平，继续加强安全监管、人命救助、科技教育等支持保障系统建设，统筹交通建设、养护、管理、运输的协调发展。

——在发展方式上，坚持理念创新、科技创新、体制机制创新和政策创新，走以创新促发展的道路。把增强创新能力作为交通发展的战略基点，把创新贯穿到交通现代化建设的各个方面，不断提高行业创新能力，激发创新活力，增强创新实力，更加注重科技创新和行业从业人员素质的提高。

——在发展路径上，坚持节约资源和保护环境，更加注重走资源节约、环境友好的集约内涵式发展道路。适时调整和完善相关政策，提高全行业的管理水平，最大限度地减少交通发展的负面影响，不断提高社会对交通发展的满意程度，实现经济效益、社会效益和环境效

益的有机统一。

——在管理方式上，坚持执政为民，建设服务型政府交通运输部门。按照建设服务型政府的要求，更加注重转变政府职能，强化社会管理和公共服务，深化体制机制改革，调整完善相关政策，健全完善惠及全民的交通公共服务体系，在服务中实施管理，在管理中体现服务，增强政府交通运输部门的行政执行力和公信力。

——在发展效果上，坚持公平和效率并重，促进综合运输体系的发展。高度重视交通安全和社会公平，在充分发挥各种运输方式比较优势的基础上，进一步加强各种运输方式间的有效衔接，实现主要运输通道、运输枢纽、信息资源等的整合，发挥一体化运输的综合优势，提高运输系统的整体效率，降低社会物流成本，更好地为经济社会发展服务。

第三节　发展现代交通运输业是交通发展的时代要求

一、发展现代交通运输业是经济社会发展的客观要求

中国已进入全面建设小康社会的关键阶段，工业化、信息化、城镇化、市场化、国际化进程进一步加快，改革开放继续深化，经济发展、经济体制、社会结构、利益格局和思想观念都发生了深刻变化。这种空前的社会变革，使中国经济社会发展呈现一系列新的鲜明特征，比如：经济虽然总体保持平稳较快增长，经济结构在工

业化进程中加速调整，但长期积累的结构性矛盾和粗放式发展方式尚未根本转变，能源、资源、环境的瓶颈制约日益突出，实现可持续发展的压力增大；随着经济持续快速发展和生活水平不断提高，人民群众的物质文化需求日益多样化，选择性不断增强，对公共产品和公共服务的需求快速增长；随着社会主义市场体制逐步完善，市场在配置资源中的基础性作用愈益增强；随着开放型经济继续发展，中国与世界的联系更加密切，既有机遇，也有挑战。从国际上看，世界多极化趋势和经济全球化趋势深入发展，综合国力竞争日趋激烈，影响和平与发展的不稳定不确定因素增多，等等。

交通运输是国民经济的基础性、先导性产业和服务性行业，经济社会发展对交通运输提出了新的更高要求，要求交通运输在促进经济增长、提升生活质量、推动市场统一、扩大对外开放、协调区域发展、保障国家安全、促进社会和谐方面发挥支撑作用，增加交通的正效用，更好地服务于经济社会发展大局。

——**促进经济增长**。交通运输的发展既扩大了社会需求和经济交流，同时也提高了经济活动的效率、降低了生产和交易的成本，因此，交通运输发展首先要更好地为经济增长和效率提升服务。

——**提升生活质量**。交通运输与人民生活息息相关，随着收入水平的提高，人们对交通运输服务水平的要求不断提高，交通运输发展不但要促进经济发展，也要为提高人民生活水平发挥更大作用。

——**推动市场统一**。交通的本质作用就是通过运输将不同的地区（市场）连接到一起，通过发展交通运输，实现更大范围的市场融合，同时促进不同地区的合理布局和协调发展。

——**扩大对外开放**。随着经济全球化进程加快，中国与世界各国（尤其是周边国家）经济关系日趋密切，交通运输的发展必须跟上对外开放的步伐，适应经济全球化和东亚经济一体化的需求。

——**协调区域发展**。中国区域经济社会发展不平衡、城乡差异大，加快中西部地区经济发展，特别是农村建设已经成为全面建设小康社会的重要战略任务，交通运输是经济社会发展的基础，在推进区域经济协调发展中承担着重要责任。

——**保障国家安全**。国家竞争能力不仅体现在经济实力上，国防能力也是建设强大国家的重要方面。国家安全是经济社会持续稳定发展前提，交通运输是巩固国防、完成祖国统一大业、保持和平发展环境的重要条件。交通运输必须适应国防现代化、增强国防能力的要求，为国家安全提供稳固保障。

——**促进社会和谐**。中国在经济总量迅速扩大的同时，也存在严重的两极分化现象，城市低收入群体和农村贫困人口还大量存在，全体公民不能平等享受公共福利和公共服务，成为影响社会和谐的突出问题。交通运输是公共基础设施,为全社会提供平等发展的机会和条件是构建和谐社会的必然要求。

改革开放以来,中国交通运输业发展之所以能取得巨大的成就,一条重要的经验就是善于抓住国家经济发展的良好机遇,如国家实施积极的财政政策、建设社会主义新农村等。因此,当前和今后一个时期,交通运输发展要紧紧抓住中国经济发展向一、二、三次产业协同带动转变、加快服务业发展的历史机遇,加快发展现代交通运输业,促使交通继续成为新时期国民经济发展的战略重点,这是进一步提高"三个服务"能力和水平的重要抓手,也是交通行业更好地适应经济社会发展的客观要求。

二、发展现代交通运输业是实现科学发展的必然要求

随着经济社会的发展,土地、能源等资源及生态环境的制约日趋突出,经济增长的资源环境代价过大,必须加快调整经济结构、转变发展方式。党的十七大明确提出:"坚持节约资源和保护环境的基本国策,关系人民群众切身利益和中华民族生存发展"。因此,必须加快建设资源节约型和环境友好型社会,促进经济社会全面协调可持续发展。

目前,中国交通运输既处在快速发展阶段,也处在增长转型的重要时期,历史积累的老问题和发展中的新问题日益显现出来,承担的社会压力越来越大,面临着多方面的挑战。一是从传统产业向现代服务业转型,对

交通发展理念和模式提出了新的挑战。必须充分利用现代信息技术和现代管理技术,加快交通产业结构升级,提高管理效率和服务水平,促进交通发展方式从粗放型向集约型转变。二是交通是能源消耗和资源占用较大的产业,面临着节约能源资源和保护环境的繁重任务。如果继续沿用粗放的增长方式,没有集约利用土地、能源等资源和加强生态环境保护的技术和方法,交通行业不仅无法继续发展,即使现状也难以为继。三是建设便捷、通畅、高效、安全的综合运输体系,要求充分发挥各种运输方式的技术经济特长,发挥一体化运输的综合优势,在运输方式之间实现"无缝衔接"和"零换乘",提高运输系统的整体效率。四是人民群众不断增长的服务要求对交通运输的管理水平提出了新的挑战,安全便捷、公平共享、法制有序等已成为广大人民群众对交通服务的现实要求。这就需要加快交通运输部门政府职能转变和管理创新,不断提升行业管理水平和公共服务水平。

因此,必须转变交通发展方式,调整产业结构,创新体制机制,强化行业管理,走资源节约、环境友好型的交通发展道路,推动现代交通运输业的发展进程,这是实现交通科学发展的必然要求。

三、发展现代交通运输业是交通发展规律的内在要求

国际经验表明,交通运输业往往有一个快速发展期。发达国家在经济迅速发展的时期,交通运输业(含

邮电)投资一般占政府公共投资的30%左右,有的国家(如日本)最高时达到50%。目前,美国交通运输业通过投资和消费所拉动形成的增加值仍在10%以上。世界交通发展历程表明,交通发展必然经历一个大规模基础设施集中建设的阶段,经历由单一运输方式的各自发展向多种运输方式协调发展的过程,经历由数量扩张到质量提升、由外延粗放向内涵集约的发展过程。

顺应交通发展规律,21世纪以来,发达国家的发展理念、战略、规划等都有很大调整,更加注重主动服务经济发展和公众生活的交通需求,从单一运输方式发展转向多种运输方式的一体化,增进各种运输方式间的无缝衔接,实现客运的零换乘,使交通运输更好服务于社会公众安全便捷的出行;从发展运输业扩展到发展现代物流业,大幅度降低交易成本,增强国家竞争力,从更高的层面服务于经济社会发展大局等等。现代交通的发展,在发达国家,主要体现在基础设施、运输组织和交通管理的现代化水平上,集中反映在交通运输的以人为本、安全、环保、智能和一体化上。这些都值得我们学习借鉴。

例如,美国运输部在《美国运输部2000—2005年战略计划》中强调:“运输,就其本质而言,不仅仅是混凝土、沥青和钢筋,而更多地是为了人,为了满足人们上班、上学、探亲访友和旅游观光的需求。”在《面向21世纪的运输政策框架》汇编的开篇就指出:“我们生活在一个变化的时代,我们必须是适应变化的设计师,否则我们就有可能成为变化的牺牲品”;“世界在迅速变化,运输也要变化,运输的发展没有终止”。美国运输部在21世纪交替之际先后制定出台了多个交通发展的指导性文件,这些文件清晰地显现出了战略上的适时调整,而且明显地具有继承性和创新性。这充分体现了美国运输部对新时期交通运输发展的时代要求的认识,反映了在认识上的逐步深化和不断成熟。《2010年欧洲运输政策白皮书》强调:要把用户置于运输政策的核心,要制定以用户为本的运输政策,发展人性化的运输;要提高公路运输安全;要协调并规范公路税费;要明确用户的权利与义务。瑞典提出了交通事故“零死亡”的目标,拟在10年内,通过在车辆安全和智能交通技术方面的研究应用,以每年6%的速度降低道路事故死亡率,2007年死亡人数已降低至270人左右。瑞士的苏黎世是人口密度高、生活富裕的城市,其交通政策的核心理念是“运送更多的人,而不是移动更多的车”,引导公众出行理念的转变,大力发展公共交通,发展高效的公共运输体系。

当前,中国经济发展已进入加速发展服务业阶段,交通作为服务业的重要组成部分,是现代服务业优先发展的重点领域之一。从促进经济发展的角度来看,大力推进综合运输体系建设,有效降低物流成本,提高经济运行的效率。从努力做好“三个服务”的要求看,走资源节约、环境友好的交通发展道路,推进现代交通运输业发展，是交通自身发展由较低阶段走向综合运输体系的更高阶段，加快推进交通现代化进程的必然途径。

同时，科技革命加速推进，特别是现代信息技术和现代管理技术的广泛深入应用，不仅将改造和提升传统交通，有效地提升交通运输的服务能力和服务水平，极大地提高管理服务效率；还将不断催生新兴的运输服务业态，使交通产业体系更加健全，为加快推进交通现代化提供了有利条件。

中国由于所处的历史时期和发展阶段不断变化，交通运输在发展时面对的主要矛盾和矛盾的主要方面也不断变化，这就要求交通运输选择相适应的发展战略，解决关键问题，化解主要矛盾，实现全面协调可持续发展。现阶段，随着交通基础设施规模的不断扩大，交通发展将更加注重科技进步与创新，更加注重质量效益的提升，更加注重运输效率的提高，更加注重与资源环境相协调，推进现代交通运输业发展，这是交通发展规律的内在要求。

总体来说，发展现代交通运输业是新时期交通运输发展具有全局性、方向性的重大战略，是统领未来交通运输行业发展的核心战略，是结合新阶段特征对已有战略思想、内容的继承、深化和提升。这个战略是新阶段交通发展的一个总纲，它的实施要靠一系列正在执行和将要制定的具体规划和政策（如国家高速公路网规划、沿海港口布局规划、促进道路运输业又好又快发展的政策）等来加以推进。

第四章　发展现代交通运输业的战略目标

第一节　发展现代交通运输业的指导方针和原则

一、发展现代交通运输业的指导方针

发展现代交通运输业要以邓小平理论和“三个代表”重要思想为指导，全面贯彻落实科学发展观，紧紧围绕做好“三个服务”，统筹交通建设与运输服务协调发展，统筹城乡区域交通协调发展，统筹交通与资源环境协调发展，统筹各种运输方式协调发展，强化理念创新、科技创新、体制机制创新和政策创新，转变交通发展方式，走资源节约、环境友好型交通发展道路，推进公路水路交通科学发展。

二、发展现代交通运输业的基本原则

发展现代交通运输业要坚持以下原则。

（一）坚持以人为本

交通发展的最终目的就是不断提高交通保障能力和运输服务水平，不断满足经济社会发展和人民群众对交通运输的新要求。要把做好“三个服务”作为交通运

输工作的出发点和落脚点，为经济社会提供优质、多层次、多样化、公平的运输服务，做到交通发展为了人民，交通发展依靠人民，交通发展成果由人民共享。

（二）坚持好字优先

“好字优先”与“又好又快发展”的提出，表明中国经济发展的理念发生了重大的转变，由强调发展速度转变为强调质量和效益，强调全面协调可持续发展。要立足国情，好中求快，在交通发展中推进发展方式的转变，适时调整完善相关政策，加强节约资源和保护环境，走资源节约型、环境友好型交通发展道路，最大限度地降低交通发展带来的负面影响，推进交通增长方式从外延扩张型向内涵集约型转变，实现交通经济效益、社会效益和环境效益的统一，促进综合运输体系建设，推动现代交通运输业发展。

（三）坚持统筹兼顾

按照科学发展的要求，从集中基础设施建设转向注重基础设施、运输服务、支持保障和市场培育、政府监管等方面的协调发展，统筹交通建设与运输服务协调发展，统筹城乡、区域交通协调发展，统筹交通与资源环境协调发展，统筹各种运输方式协调发展，实现规模、质量和服务相协调，建设、管理、运输相协调，交通、资源、环境相协调，全面提高运输服务的能力和水平。

（四）坚持依靠创新

创新是交通发展的基本经验，是交通发展的力量源泉，也是做好“三个服务”、发展现代交通运输业的基本保证。要激发创新活力，提高创新能力，增强创新实力，把创新贯穿到交通发展的各个方面，营造有利于创新的文化氛围和制度环境，大力推进理念创新、科技创新、体制机制创新和政策创新，建设创新型交通行业，推动交通发展方式的根本性转变，走以创新促发展的道路。

第二节　发展现代交通运输业的指标体系及总体要求

一、发展现代交通运输业的指标体系

发展现代交通运输业的核心就是要实现交通运输发展方式的转变，即：交通发展由主要依靠基础设施投资建设拉动向建设、养护、管理和促进运输服务协调拉动转变，由主要依靠增加物质资源消耗向依靠科技进步、行业创新、从业人员素质提高和促进资源节约环境友好转变，由主要通过单一运输方式的发展向综合运输体系发展转变。

为了更加清晰地描述发展现代交通运输业的标志，制定可量化的发展目标，我们构建了发展现代交通运输业的指标体系，见图 10。

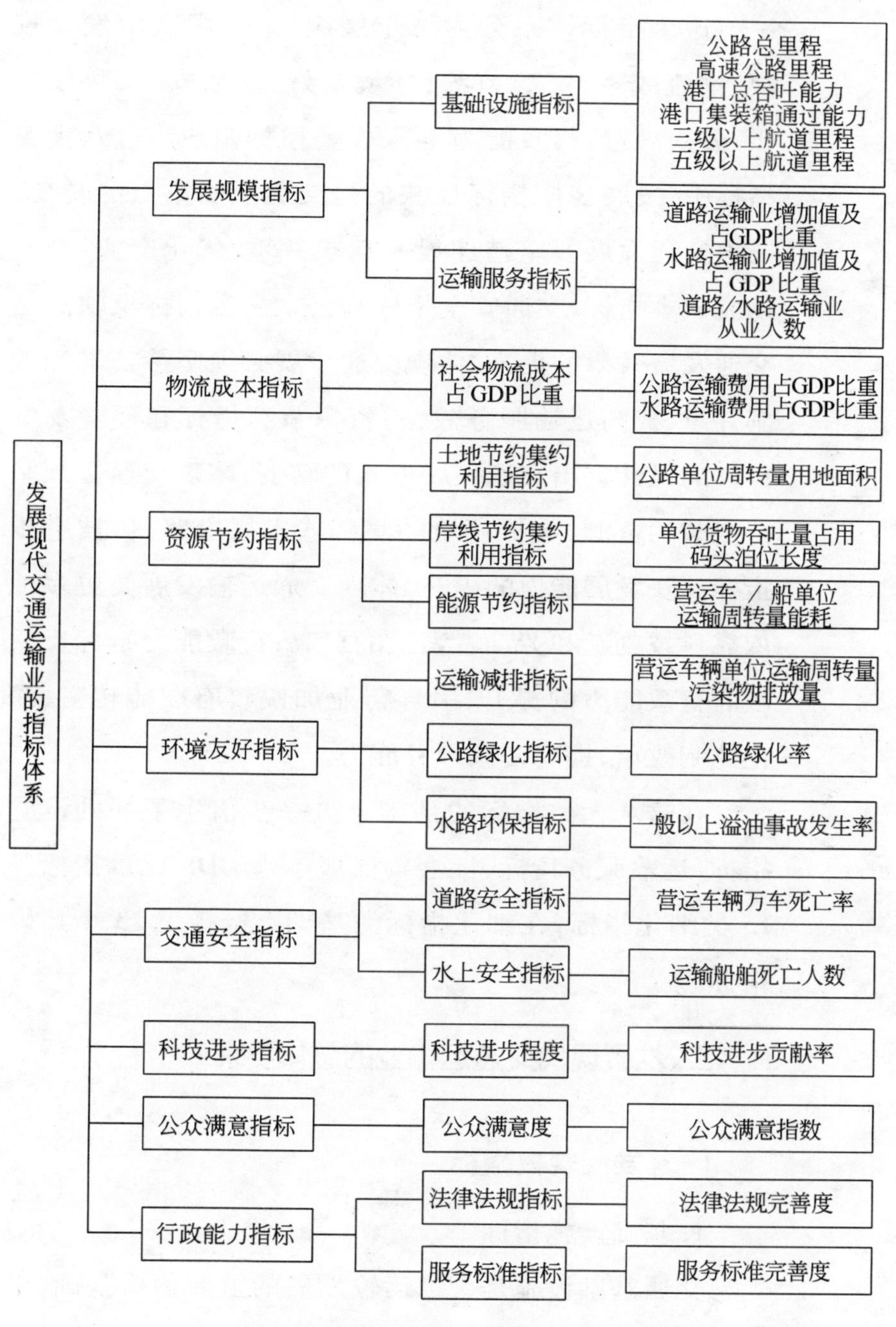

图 10 发展现代交通运输业的指标体系图

这个指标体系分为三个层次，第一层次由发展规模、物流成本、资源节约、环境友好、交通安全、科技进步、公众满意、行政能力等八大类指标构成。这八大类指标中，发展规模指标反映的是交通发展重点的转变，突出交通发展要坚持建设和运输并重，优化产业结构；物流成本指标、交通安全指标和公众满意指标反映的是交通发展效果的提升，体现交通发展必须坚持公平和效率并重，提高运输服务效率；资源节约指标和环境友好指标的设计突出交通发展方式的转变，体现交通必须坚持走节约资源、保护环境的集约式发展道路；科技进步指标反映发展能力的提升，体现交通运输发展要更多地依靠科技创新和劳动者素质的提高；行政能力指标反映政府行政能力的提升，引导行业加快政府职能转变、深化体制改革，提高公共服务能力。

在这八大类指标的基础上进一步衍生了基础设施指标、运输服务指标、社会物流成本占 GDP 比重指标等 15 类细化指标，在细化指标的基础上选择了 23 个具体指标。

二、发展现代交通运输业的总体要求

（一）发展规模指标

1. 基础设施指标

交通基础设施是交通运输发展的重要物质基础，也是发展现代交通运输业的有机组成部分。基础设施规模指标主要反映的是公路水路交通基础设施的建设情况，可分解为三个方面：公路规模指标，沿海港口规模指标，内河航道规模指标。这里，公路规模指标选取了公路总里程和高速公路里程作为主要指标。沿海港口指标选取了总吞吐能力、集装箱通过能力作为主要指标。内河航道规模指标选取了五级以上航道里程、三级以上航道里程等作为主要指标。

未来一个时期，是中国交通基础设施建设的重要时期。根据公路水路交通"十一五"发展规划、全面建设小康社会公路水路交通发展目标、公路水路交通"三阶段"发展战略等战略规划，未来中国公路水路交通基础设施发展的目标如表4所示。

表4　2010年、2020年交通基础设施发展目标

指　　标		2010年	2020年
公路	总里程（万公里）	230	300
	高速公路里程（万公里）	6.5	8.5
沿海港口	总吞吐能力（亿吨）	50	70
	集装箱通过能力（亿TEU）	2	3
内河	五级以上航道（万公里）	3	3.6
	三级以上航道（万公里）	1	1.4
	内河船舶平均吨位（吨）	350	500

注：根据各部门"十一五"规划及中长期规划综合整理。其中，公路总里程未含村道里程。

2. 运输服务指标

运输服务指标是发展现代交通运输业的重要衡量指标，其水平反映了公路水路交通的发展程度。交通行业的运输服务包括道路运输服务和水路运输服务两大领域,反映道路运输服务和水路运输服务的发展水平一般可以从物质量(如运输量)和价值量(如增加值)两个方面去体现。此处的道路运输包括:公路旅客运输,指城市以外道路的旅客运输活动;道路货物运输,指所有道路的货物运输活动;道路运输辅助活动,指与道路运输相关的运输辅助活动(含客运汽车站,指长途旅客运输汽车站的服务活动;公路管理与养护;其他道路辅助活动;装卸搬运和其他运输服务业中与道路运输相关的部分)。水路运输包括:水上旅客运输,即远洋旅客运输、沿海旅客运输、内河旅客运输;水上货物运输,包括远洋货物运输、沿海货物运输、内河货物运输;港口作业,包括港口装卸、仓储及辅助服务;其他水上运输辅助活动,包括港务船只调度与管理,航道疏浚,救助打捞,灯塔、航标管理,河、湖航道护理,航道、船闸管理,驳船、拖船运行,水上运输监察,河流水域航行监察等。

为便于横向对比,我们从价值量的角度,选用道路运输增加值与水路运输增加值占 GDP 的比重作为衡量发展现代交通运输业水平的指标。道路运输业服务指标选取道路运输业的增加值、道路运输业增加值与 GDP 的比重、道路运输的从业人数三个主要指标。从业人数的统计范围是全国营业性道路运输营业户,经营范围包括道路货物运输、道路旅客运输、道路运输服务、道路搬运装卸和汽车维修行业五类。

水路运输业服务指标可选取水路运输业的增加值、水路运输业增加值与 GDP 的比重、水路运输的从业人数三个主要指标。

我们以道路和水路运输业相关数据（2001—2005 年）为基础，采用时间序列法、回归分析法等对未来数据值进行预测，预测结果如表 5、表 6 所示。

表 5　道路运输业发展规模预测

年份	道路运输业					
	增加值（亿元）	增长率（%）	占 GDP 比重（%）	增长率（%）	从业人数（万人）	增长率（%）
2001	1 858.69		1.70		1 415.67	
2002	2 171.58	16.83	1.80	5.88	1 480.08	4.55
2003	2 403.86	10.70	1.77	−1.67	1 535.41	3.74
2004	3 078.45	28.06	1.93	9.04	1 650.70	7.51
2005	3 673.38	19.33	2.01	4.15	1 798.46	8.95
年份	增加值推荐值（亿元）		占 GDP 比重推荐值（%）		从业人数推荐值（万人）	
2010	6 697.43		2.46		2 453.73	
2012	7 921.46		2.66		2 749.39	
2020	12 817.58		3.56		4 141.07	

表 6　水路运输业发展规模预测

年份	水路运输业					
	增加值（亿元）	增长率（%）	占 GDP 比重（%）	增长率（%）	从业人数（万人）	增长率（%）
2001	1 234.14		1.14		608	
2002	1 644.8	33.27	1.38	21.05	725	19.24
2003	1 719.94	4.57	1.27	−7.97	864	19.17
2004	2 102.16	22.22	1.31	3.15	980	13.43
2005	2 456.33	16.85	1.33	1.53	989	0.92

续上表

年份	增加值推荐值(亿元)	占 GDP 比重推荐值(%)	从业人数推荐值(万人)
2010	3 862.69	1.4	1 080
2012	4 443.04	1.41	1 108
2020	6 865.43	1.63	1 315

(二)物流成本指标

物流成本指标是拓展运输服务功能的重要反映。现代物流是现代服务业的有机组成部分,是未来交通运输的发展方向。运输业必须面向运输、仓储、装卸、流通加工、配送等现代物流的全过程,为用户提供多功能、一体化、高质量的物流服务,要为全社会物流成本的降低做出贡献。这里,选用社会物流总成本占 GDP 的比重作为衡量发展现代交通运输业的指标。

社会物流总成本(社会物流总费用),是指一定时期内国民经济各方面用于企业外部的物流活动的各项费用支出。现行的社会物流成本的统计方法,从物流需求方的角度计算汇总物流成本的支出,主要划分为运输费用、保管费用、管理费用三大部分,计算公式为:

社会物流总成本=运输费用+保管费用+管理费用

社会物流总成本反映一个国家物流的总规模,其占 GDP 的比重反映了一个国家的物流运作水平;社会物流总成本占 GDP 比重高说明物流运作处在粗放状态,社会化、专业化水平低，经济增长付出的物流成本高。

图 11 显示了近十年来社会物流总成本占 GDP 比重变化情况。

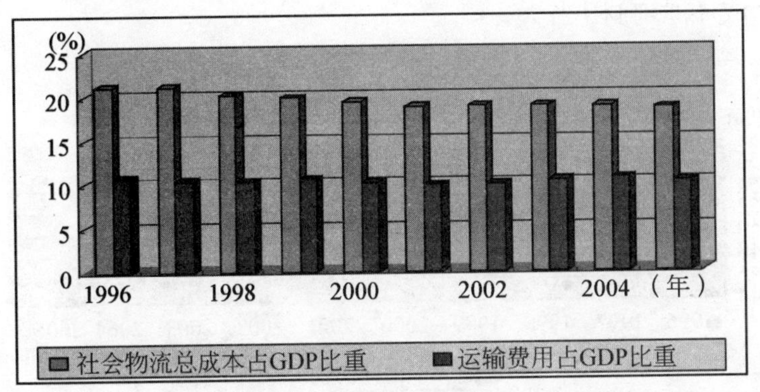

图 11　社会物流总成本占 GDP 比重(数据来源:中国物流统计年鉴)

由图 11 我们可以看出，过去的十年间中国社会物流总成本占 GDP 比重呈下降趋势，从 1996 年的 21.1% 下降至 2005 年的 18.6%，虽然有所下降，但下降幅度不大，这与中国经济发展水平及增长方式有很大关系。目前发达国家社会物流成本占 GDP 比重一般为 10% 左右，我们高出发达国家近一倍，反映了中国目前物流运作仍然是粗放式的，社会化、专业化水平低。

同时，中国运输费用占物流成本比重基本呈上升态势(图 12)，说明中国运输专业化、组织化水平仍然较低，与发达国家相比，还有很大发展空间。运输费用大约占社会物流总成本的 1/2 强，其中公路水路部分占运输费用的 2/3 强；近十年的统计数据显示公路水路运输成本占社会物流总成本的比重在35% ~45%之间(图13);可见公路水路运输成本占社会物流总成本相当大的比例,也就是说公路水路运输费用的变化对社会物流总成本影响相当大。

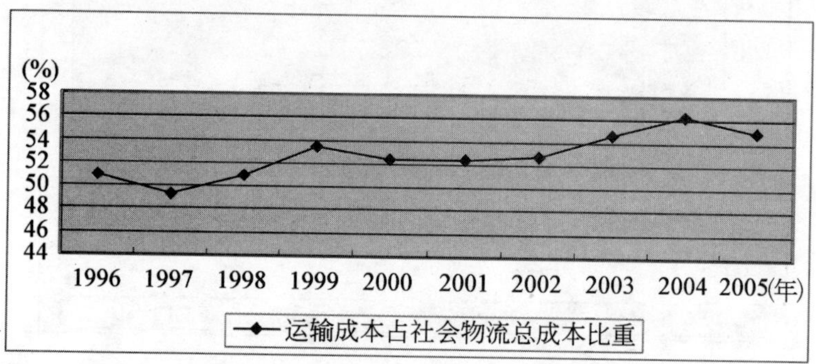

图12 运输成本占社会物流总成本比重(数据来源:中国物流统计年鉴)

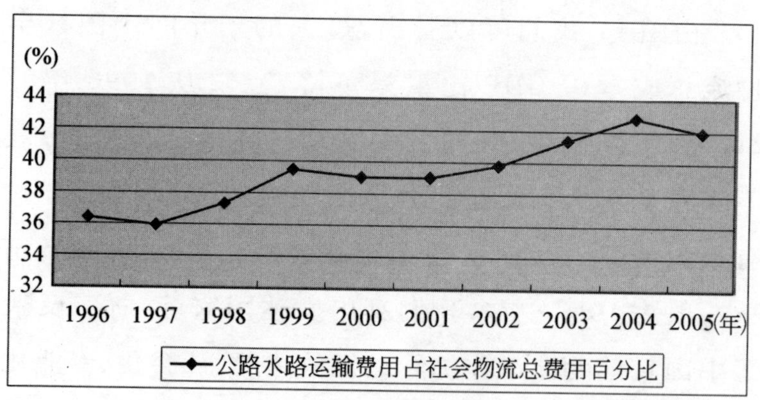

图13 公路水路运输费用占社会物流总成本比重
(数据来源:中国物流统计年鉴)

同时,近十年的统计数据显示公路水路运输费用之和占GDP比重在7.6%上下波动(图14、图15),未呈现下降趋势;在实施产业转型战略后,通过优化运输结构、转变发展方式,公路水路运输费用占GDP的比重会得到显著下降。

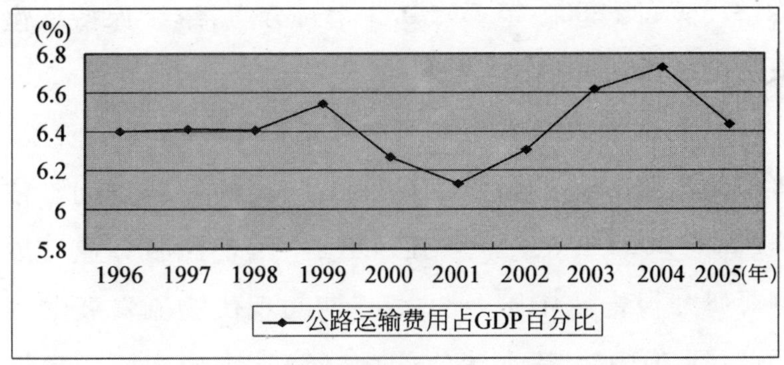

图 14　公路运输费用占 GDP 比重

（数据来源：中国物流统计年鉴）

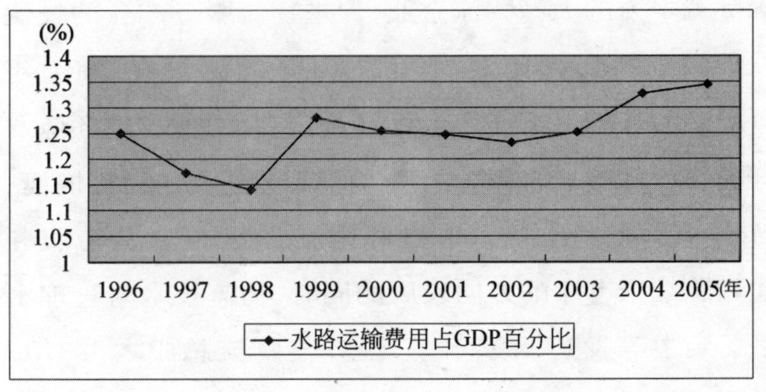

图 15　水路运输费用占 GDP 比重

（数据来源：中国物流统计年鉴）

依据中国物流与采购联合会发布的数据，2006 年，全国社会物流总成本为 38 414 亿元，按现价计算同比增长 13.5%，增速比 2005 年上升 0.6 个百分点；其中运输费用为 21 018 亿元，同比增长 12.8%，增幅比 2005 年提高 2.7 个百分点，占社会物流总费用的 54.7%，比

2005 年下降 0.3 个百分点;物流总成本占 GDP 的比重为18.3%,比 2005 年下降 0.3 个百分点,继续保持缓慢下降的态势。

以上这些数据说明中国物流正处于持续增长阶段,将来物流服务业的发展面临一个广阔的发展空间。依据《面向 2020 年的"十一五"期间中国现代服务业发展纲要研究报告》,中国"十一五"期间现代物流发展的目标是:到 2010 年基本建成安全、便利、快捷、时效、易得并具有国际竞争力的现代物流服务体系框架,大幅度提高物流的社会化、专业化和现代化水平,积极培育具有国际竞争力的大型物流企业,促进物流服务产业的较快发展。全社会物流总费用占 GDP 的比重在 2004 年 21.3% 的基础上下降 5 个百分点左右,初步实现环境友好的物流运作;到 2020 年,全面建成安全、便利、快捷、时效、易得的社会物流和国际物流服务体系,物流服务业朝着健康有序的方向发展的同时,物流技术与管理水平达到中等发达国家水平,全社会物流总成本占 GDP 的比重接近 10%,达到中等发达国家水平,实现环境友好的物流运作。

综上所述,确定中国物流成本发展目标是:2010 年全社会物流总费用占 GDP 的比重下降到 17% 左右;到 2020 年,全社会物流总成本占 GDP 的比重进一步下降到 10% 左右。

（三）资源节约指标

交通行业资源节约主要涉及节地、节岸线、节能、节材等方面，因此指标包括土地节约指标、岸线节约指标、运输节能指标、材料节约与循环利用率、基础设施耐久性指标等。这里主要以土地节约、运输节能指标衡量资源节约的目标。

1. 土地节约指标

我们从单位运输周转量、GDP 和设计交通量等三个不同视角分别计算公路交通的用地效率。

（1）**单位运输周转量公路用地面积**（公顷/百换算吨公里）**=当年公路累计用地面积÷当年公路客货运输换算周转量**

选取此指标的理由是它可以用单位公路用地与运输服务产量的关系表征公路用地产出集约度。此指标值越小，表明公路建设用地的产出效率越高。由于运输服务量计量单位“运输周转量”隐含了运输效率问题，反映的是未来实际的运输服务量占用的土地效率。在其他领域里，单位用地面积产出量也常作为土地集约利用的评价指标。

（2）**单位国内生产总值公路用地面积**（公顷/万元）**=当年公路累计用地面积÷效益年 GDP**（效益年采用未来 2 年的 GDP 数据）

选取此指标的理由是它可以用公路用地面积与经济总量的关系揭示公路用地的经济集约度。此指标值

越小,说明公路建设用地集约的经济量越大。此类指标常用于国际或地区间比较。

(3)**单位通行能力公路用地面积**(公顷/万车公里)**=当年公路累计用地面积÷当年公路网平均设计交通量**

选取此指标的理由是它可以用公路用地面积与通行服务量的关系来表征公路用地产出集约度。此指标值越小,表明公路建设用地的产出效率越高,也是国际上较为通用的指标。

但是,由于目前中国的交通量统计尚无法得到整个路网实际发生的日平均行驶量,只能用设计交通量来代替,反映的是路网通行能力的用地效率,而不是实际通行量的用地效率。综合分析上述三个用地效率指标,研究采用单位运输周转量公路用地面积指标。

该指标现状值如表所示。

由表7可知,"十五"期间,单位运输周转量用地面积由2001年的6.0公顷/百换算吨公里下降为2005年5.2公顷/百换算吨公里,用地效率提高了13%。

表7　单位公路换算周转量用地面积指标 单位:公顷/万换算吨公里

年　份	全国总计	其　中		
		东部地区	中部地区	西部地区
2001	6.0	4.2	6.1	8.9
2002	5.9	4.2	6.0	8.6
2003	5.8	4.3	5.8	8.4
2004	5.5	4.0	5.5	8.0
2005	5.2	3.8	5.3	7.5
2005年比2001年	-13.3%	-9.5%	-13.1%	-15.7%

按照节约型发展模式，未来公路在实现规划目标的基础上，应充分利用现有公路进行改扩建，尤其是对未纳入国家统计里程的147万公里的村道进行改扩建，并通过用地指标的调整以及优化立交、服务区、紧急停车带等设计方案，在环境和技术条件可能的情况下，推广低路堤与浅路堑方案和调整桥隧比等节地技术，将能够有效地节约使用土地。

综合考虑上述因素，要实现小康社会公路交通的发展目标，2006—2020年期间公路交通需新增占用土地约175万公顷，其中2006—2010年公路交通需新增占用土地约66万公顷，2011—2020年公路交通需新增占用土地约109万公顷。

按照《公路水路交通"十一五"发展规划》和《国家高速公路网规划》对2010年和2020年运输周转量的预测，以及未来公路新增用地规模，测算2010年和2020年单位运输周转量公路用地面积，如表8所示。

表8　2010年、2020年公路单位运输周转量用地面积

年　　份	2005(基准年)	2010	2020
公路旅客周转量(亿人公里)	9 292.1	14 750	25 000
公路货物周转量(亿吨公里)	8 693.2	10 750	15 000
公路客货换算周转量(亿换算吨公里)	9 622.4	12 225	17 500
公路总用地面积估算(万公顷)	501	567	676
单位客货换算周转量用地面积(公顷/百换算吨公里)	5.21	4.64	3.86

注:2010年公路旅客周转量和货物周转量分别取预测区间的中值。

由表 8 可知，2010 年和 2020 年单位运输周转量用地面积分别为 4.64 公顷/百换算吨公里和 3.86 公顷/百换算吨公里，分别比 2005 年下降 11%和 26%。取整后指标值为：到 2010 年和 2020 年，公路单位运输周转量用地面积比 2005 年分别降低 10%和 25%左右。

2. 岸线节约指标

岸线节约指标可采用单位货物吞吐量占用码头泊位长度、沿海港口单位吞吐量所占用生产性码头岸线长度、内河港口单位吞吐量所占用生产性码头岸线长度。这里主要采用沿海港口单位货物吞吐量占用码头泊位长度这一指标。其计算公式如下：

沿海港口单位货物吞吐量占用码头泊位长度＝当年沿海港口生产用码头泊位总长度/当年沿海港口货物吞吐量

该项指标现状如表 9 所示。

表 9　全国沿海港口单位货物吞吐量占用的码头泊位长度

年　份		1999	2000	2001	2002	2003	2004	2005
全国沿海港口	码头泊位长度（公里）	316.5	327.2	337.1	351.1	385.1	396.7	419.1
	货物吞吐量(亿吨)	11.1	12.9	14.5	17.2	20.6	25.4	30.1
	港口岸线利用效率（米/万吨）	2.85	2.53	2.32	2.05	1.87	1.56	1.39
沿海主要港口	码头泊位长度（公里）	173.9	182.9	189.7	196.9	256.7	286.6	340.7
	货物吞吐量(亿吨)	10.5	12.6	14.3	16.7	20.1	24.6	29.3
	港口岸线利用效率（米/万吨）	1.65	1.46	1.33	1.18	1.28	1.16	1.16

根据《全面建设小康社会公路水路交通发展目标》，到2010年、2020年中国沿海港口每万吨吞吐量占用码头长度较2000年下降30%和40%，分别达到1.77米和1.52米。而实际上，2005年沿海港口单位货物吞吐量占用码头长度为1.39米/万吨，与2000年相比下降了45%，仅用时四年便已经超过原定2020年全面建设小康社会公路水路交通发展目标值。因此，有必要按照资源节约型、环境友好型交通行业发展要求对原定目标进行调整。

2005年全国沿海港口每万吨货物吞吐量占用的码头泊位长度为1.39米。而全国沿海主要港口总体也呈较快下降趋势，但在2002—2005年期间，岸线利用效率趋于平稳态势(1.2左右)。

根据《节约型交通行业发展战略研究》预测，到2010年和2020年，全国沿海港口货物吞吐量将分别达到40亿吨和60亿吨，单位吞吐量占用码头泊位长度分别达到1.04米/万吨和0.9米/万吨，比2005年下降25.2%和35.3%。

《公路水路交通"十一五"规划》明确提出："十一五"末与2005年相比，实现沿海港口每万吨吞吐量占用码头泊位长度下降25%。据此，我们综合确定：2010年沿海港口每万吨吞吐量占用码头泊位长度比2005年下降25%，2020年比2010年下降7%。

3. 营运车辆运输量综合油耗

我们用营业性道路运输万元增加值综合燃油消耗、道路客运单位旅客周转量综合燃油消耗和货运单位货物周转量综合燃油消耗三个不同指标计算营业性道路运输燃油消耗效率指标。

(1)**营业性道路运输万元增加值综合燃油消耗量**(万吨标准煤/亿元)=**综合燃油消耗量÷道路运输增加值**

其中:道路运输业指道路客运和货运主业。增加值按总产出×增加值率估算;总产出=平均运价×运输周转量。

选取此指标的理由是它可以用价值量反映营业性公路运输服务产品中的能源消耗成本。此指标值越小,表明营业性道路运输的能源利用效率越高。此指标为跨行业横向比较的通用指标。

(2)**营业性道路运输单位旅客周转量综合燃油消耗量**(千克标准煤/千人公里)=**道路客运综合燃油消耗量÷道路旅客运输周转量**

选取此指标的理由是它可以用实物量解释营业性道路客运能源利用效率。汽车技术、实载率和里程利用率变化以及消费结构和运输组织可以直接影响此指标值的大小。此指标为国际通用指标。

(3)**营业性道路运输单位货物周转量综合燃油消耗量**(千克标准煤/百吨公里)=**道路货运综合燃油消耗量÷道路货物运输周转量**

选取此指标的理由是它可以用实物量解释营业性

道路货运能源利用效率。汽车技术、实载率和里程利用率变化以及消费结构和运输组织可以直接影响此指标值的大小。此指标为国际通用指标。

应该说,运输周转量(实物量)是公路运输最直接的产出量指标,而且有比较完整的统计体系支撑,也便于国际比较。而运输增加值(价值量)能耗指标便于与国家发布的能耗指标对应,但不如运输周转量那样更直接地反映交通行业产出量的特征,而且也缺乏系统的统计体系支撑。因此,研究选择运输周转量的能耗指标作为考核指标。由于公路运输能源消耗中货运占7成以上(2005年货运消耗能源占公路运输能源消耗总量的78%),此外,未来旅客运输将向舒适化和便捷化方向发展,将直接影响单位旅客运输周转量的能耗效率提高(根据课题组的测算,未来15年单位旅客运输周转量燃油消耗将基本上与2005年持平)。因此,选取营业性道路运输单位货运周转量的能耗指标。

由表10可知,"十五"期间,客运车辆综合单耗波动较大,货运车辆综合单耗波动较小并略有增长。

通过大力推广使用柴油机及提高其电控技术,能有效地降低车辆单耗,但发展潜力有限。而伴随着公路等级的不断提高,车辆通行条件的改善,运输结构的调整,运输组织化水平的提高,交通信息化和智能化水平的提高以及相关准入标准与法规的完善,将是降低运输车辆单耗的最有效的手段。

表10　营运车辆运输量综合油耗发展情况

年　份	公路营运车辆（千克标准煤/百换算吨公里）	客运（千克标准煤/千人公里）	货运（千克标准煤/百吨公里）
2001	8.78	25.6	6.94
2002	8.96	21.6	7.46
2003	8.80	28.7	6.61
2004	8.53	18.5	7.48
2005	8.84	20.9	7.63
2005 年与 2001 年比	0.68%	-18.3%	9.9%

道路运输节能工作是一项长期而艰巨的任务，上述措施的实现不可能一蹴而就。与此同时，道路运输是一种派生需求，货物运输的货类逐渐向高附加值、多批次、小批量和低重量等方向发展。此外，道路运输组织方式和效率水平很难在较短时间内有质的飞跃，由此产业结构的调整将导致货运量及其周转量的增速降低，并影响单位运输周转量的燃油消耗水平。但是，从道路运输对国民经济的贡献视角来看，单位道路运输增加值的燃油消耗将伴随着上述节能措施的逐步到位，呈现快速下降趋势，单位 GDP 的能源效率不断提高。

按照上述节约模式燃油消耗量及其潜力分析，预计营运货车汽柴油综合单耗 2010 年可比 2005 年下降 5% 左右，2020 年比 2005 年下降 10% 左右。2010 年和 2020 年营运货车汽柴油综合单耗分别为 7.25 千克标准煤/百吨公里和 6.87 千克标准煤/百吨公里。

4. 营运船舶运输量综合油耗

采用船舶千吨公里(海里)单耗作为反映航运业能耗状况的指标最为合理。

船舶燃油单耗是燃油消耗量(千克)与换算周转量(千吨海里、千吨公里)的比值,是反映燃油使用效率的强度指标,其值越小越好。该指标除了可以反映营业性船舶燃油单耗的现状,也可作为考核指标,以控制和引导航运企业加强运输组织管理,提高运输效率,从而达到节约能源的目的。

以2005年为基准年,当年全国营运船舶单位运输周转量能耗为5.44千克/千吨公里,在此基础上确定2010年和2020年全国营运船舶单耗目标值。

该项指标现状如表11所示。

表11　2001—2005年船舶燃油单耗情况

单位:千克标准油/千吨公里

类型 年份	海洋船舶	内河船舶	全国船舶
2001	5.94	8.10	6.09
2002	5.87	7.93	6.01
2003	5.38	8.04	5.57
2004	5.21	8.12	5.41
2005	5.26	7.94	5.44

由于运输船舶类型不同,燃油单耗有较大差异,以2005年的能耗数据为例:集装箱船舶的燃油单耗为13.76千克/千吨海里,干散货船的燃油单耗为5.19千克/千吨海里,因此,研究中假设到"十一五"末和2020年,中国水路运输各类货物周转量占全国水路货物总周转

量比例不发生重大变化，基本保持2005年的结构比例，在此前提下，提出2010年和2020年的船舶燃油单耗的约束性目标。

全国船舶燃油单耗是在推算出海洋运输船舶单耗和内河运输船舶单耗的基础上进行的，首先将运输船舶按航区分为海洋运输船舶和内河运输船舶两大类，然后将海洋运输船舶分为集装箱船、干散货船、件杂货船、液体散货船和客货船五大类船型；将内河运输船舶分为集装箱船、散杂货船、液体散货船、客货船和推拖船五大类船型。

在此基础上，按照全国各类船舶的船队组成结构情况，分析各类船舶燃油单耗的下降空间，最终可综合得出全国船舶燃油单耗、海洋运输船舶单耗及内河运输船舶单耗的目标值。

以中国从事海洋运输的集装箱船舶为例：2005年，海洋集装箱船舶的燃油单耗为13.76千克/千吨海里，全国共计有1 324艘集装箱船，平均箱位534TEU/艘，而世界集装箱船队的平均箱位为2 316TEU/艘，因此，今后一段时间，中国集装箱船队会有所调整，平均箱位会逐年提高。“十五”期间，中国集装箱船平均功率增加34.9%，低于货船的平均功率增长速度59.9%，因此，可以预测“十一五”期间功率会有大幅度的提高。如果按照59.9%的增幅计算，平均功率将增加2 722千瓦，单耗值下降0.66千克/千吨海里。按照“十一五”期间的发展速度,到2020年的平均主机功率将比2005年增加6 602千瓦,单耗值将降低1.59千克/千吨海里。

另外,由于航运管理水平的提高,船岸信息交流的方便快捷,船舶航行时将分情况分别采取最佳航速或经济航速,这样可使燃油单耗降低0.32千克/千吨海里。

由此可以得出:到2010年,集装箱船燃油单耗可降低0.98千克/千吨海里,达到12.78千克/千吨海里;到2020年,集装箱船燃油单耗将降至11.85千克/千吨海里。

其他类型船舶的燃油单耗情况也参照上述方法进行推算。

最终确定出"十一五"末船舶燃油单耗目标值:到2010年,全国营运船舶为4.89千克/千吨公里,与2005年相比,下降10%。

到2020年,全国船舶燃油单耗为4.47千克/千吨公里,与2005年相比,下降18%。

按照中国航运业现有发展水平,完成这个目标是完全可能的,但还需要做很多工作。对于海洋船舶,由于二手船能耗较高,而且目前无能耗准入限值,大量二手船的涌入,会影响船舶燃油单耗约束性目标的完成,因此,有关部门需对其强化管理,首先是设置准入限值,其次是对其采取先进的节能措施进行改造,加大老旧船舶的淘汰力度,还要加强船舶燃油质量的管理及采取经济航速等措施;对于内河船舶,提高船舶操作水平,继续推行船型标准化并加速其进程,加大航道整治力度(如提

高航道等级形成航道网以减少中间环节)，促进内河航运企业规模经营，提高运输组织化程度等，则节能指标实现是有可能的。

(四)环境友好指标

交通基础设施建设，不仅占用土地，而且会对沿线植被和表土资源造成破坏，不利于植被繁衍和生态平衡。交通运输还会带来噪声污染、水质污染、大气污染、土壤污染等，影响人类的生活环境和自然环境。环境友好指标主要包括营业性汽车污染物排放指标、公路绿化指标、水污染指标等。

1. 营业性汽车污染物排放指标

营业性汽车污染物排放是机动车污染的重要来源。机动车排放污染已成为重要的城市空气污染源之一。营业性车辆是机动车的重要组成部分，根据2005年《全国交通统计资料汇编》，截至2005年底，民用汽车总数为31 596 629辆，其中营业性汽车为7 332 202辆，营业性汽车占民用车辆的23.2%。

大型车耗油量大，污染物排放量高。营业性汽车中，大型车的比例较民用汽车中大型车的比例更高。从图16可以看出，无论是载客汽车还是载货汽车，营业性汽车中大型车比例均高于民用车辆中大型车的比例；无论是营业性车辆还是民用车辆，载货汽车中大型车的比例均高于载客汽车。

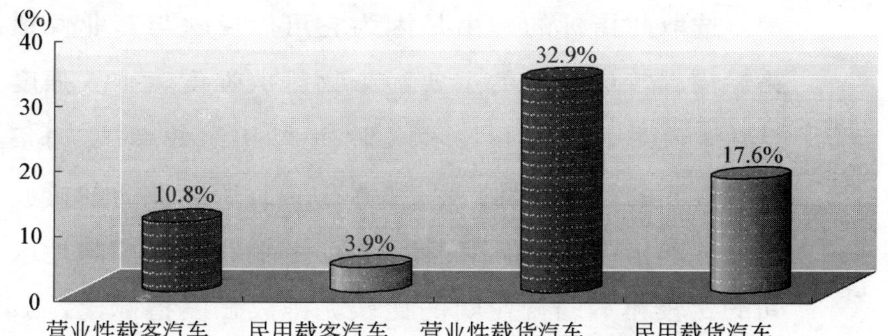

图16　营业性车辆与民用车辆中大型车所占比例比较

中国至今尚无国家层面上统一的针对机动车排放的调查和测算方法。本研究从营业性道路运输主要污染物排放总量、营业性道路运输单位换算周转量污染物排放量两个指标进行计算。

（1）**营业性道路运输主要污染物排放总量**（万吨）**＝CO年排放量＋HC年排放量＋NOx年排放量＋PM年排放量**

某种污染物年排放量＝排放因子×年均行驶里程×营业车辆保有量

选取此指标的理由是以上汽车排放的几种污染物是国际公认并监控的主要污染气体。通过技术规制手段，采用国家控制机动车大气污染的阶段标准，可以有效和大幅度降低单车污染强度。选取此指标可以与国家的主要污染物排放总量控制指标相对应。

（2）**营业性道路运输单位换算周转量主要污染物排放量**（克/百换算吨公里）＝**营业性道路运输主要污染物排放总量÷营业性道路运输换算周转量**

选取此指标的理由是因为它可以反映与营业性道路运输周转量有关的主要污染物排放强度。排放强度反映了汽车的环保和技术水平、运输组织效率、交通条件等方面的综合影响,表征了单位运输服务能力的排放水平。本指标通常被用于作时间序列比较、国家与地区间的比较和不同行业间的比较。排放强度指标比排放总量指标更能够反映不同时期行业控制污染物排放的成效和技术水平。

计算依据:

——2005 年指标值

根据2005 年全国营业性汽车保有量和年均行驶里程,以及2005 年不同类型车辆的排放因子,可以计算得到2005 年营业性汽车各种污染物排放总量。2005 年全国营业性汽车保有量、年均行驶里程和排放因子见表12、表13。

表12　2005 年全国营业性汽车保有量和年均行驶里程

项目	载客汽车			载货汽车		
	总体	大型	其他	总体	大型	其他
保有量(辆)	1 284 011	138 148	1 145 863	6 048 191	2 151 872	3 896 319
年均行驶里程(万公里)	9.4	16.9	8.5	4.3	5.2	3.8

表13　各种类型车辆污染物排放因子 单位:克/(公里·辆)

排放物	大型客车(汽油)	大型客车(柴油)	大型货车(汽油)	大型货车(柴油)	中型客车(汽油)	中型客车(柴油)	轻型货车(汽油)	轻型货车(柴油)
CO	43.7	3.6	23.6	3.6	35.0	1.3	3.0	0.7
NOx	4.1	11.4	1.7	12.0	2.4	4.1	0.4	0.8

续上表

排放物	大型客车（汽油）	大型客车（柴油）	大型货车（汽油）	大型货车（柴油）	中型客车（汽油）	中型客车（柴油）	轻型货车（汽油）	轻型货车（柴油）
HC	5.4	2.2	2.9	2.2	4.3	1.0	0.3	0.2
PM	0.0	0.8	0.0	0.8	0.0	0.4	0.0	0.1

根据2005年营业性汽车保有量、燃料消耗量，计算得到2005年营业性汽车共产生一氧化碳262万吨，氮氧化合物195万吨，碳氢化合物60万吨，总悬浮颗粒物14万吨（表14）。2005年营业性汽车尾气单位运输周转量产生的主要污染物排放量为525.7克/百吨公里。

表14　2005年营业性汽车尾气排放量

污　染　物	合计	CO	NOx	HC	PM
排放量（万吨）	531	262	195	60	14
单位运输周转量产生的主要污染物排放量（克/百吨公里）	525.7	258.9	193.5	59.5	13.8

影响汽车尾气排放量的因素主要有：汽车的技术性能和单车排放标准、汽车消费政策、在用车维护保养状况、车用燃油品质和车辆行驶状况等因素。尤其是随着国家环保总局的不同阶段机动车排放标准的逐步实施，单车的污染物排放量将显著下降。

未来营业性运输污染物排放量采用分别预测营运车辆保有量、年均行驶里程和排放因子的方法，根据模型计算得到（表15～表19）。

表15　2010年、2020年营业性汽车保有量预测

年份	营业性汽车总量(万辆)	载客汽车		载货汽车	
		总量(万辆)	大型(万辆)	总量(万辆)	大型(万辆)
2010	1 116	219	24	897	290
2020	2 053	504	66	1 549	512

表16　2010年、2020年营业性汽车年均行驶里程预测

年　份	载客汽车(万公里)		载货汽车(万公里)	
	大型	其他	大型	其他
2010	17.2	8.7	5.7	4.2
2020	17.9	9.1	6.9	4.6

表17　2010年各种类型车辆污染物排放因子 单位:克/(公里·辆)

排放物	大型客车(汽油)	大型客车(柴油)	大型货车(汽油)	大型货车(柴油)	中型客车(汽油)	中型客车(柴油)	轻型货车(汽油)	轻型货车(柴油)
CO	7.5	3.5	1.8	3.4	4.0	1.4	1.2	0.5
NOx	1.0	6.7	0.2	6.6	0.4	2.8	0.2	0.7
HC	0.9	2.2	0.2	2.1	0.5	1.1	0.1	0.2
PM	0.0	0.3	0.0	0.3	0.0	0.1	0.0	0.1

表18　2020年各种类型车辆污染物排放因子 单位:克/(公里·辆)

排放物	大型客车(柴油)	大型货车(柴油)	中型客车(汽油)	中型客车(柴油)	轻型货车(汽油)	轻型货车(柴油)
CO	2.0	2.0	0.9	0.9	0.2	0.3
NOx	1.6	1.6	0.1	1.6	0.1	0.3
HC	1.2	1.2	0.1	0.6	0.0	0.1
PM	0.1	0.1	0.0	0.0	0.0	0.0

表19　2010年、2020年营业性汽车尾气排放量目标

年份	污染物	合计	CO	NOx	HC	PM
2010	排放量（万吨）	380	140	170	61	9
	单位运输周转量主要污染物排放量（克/百吨公里）	350.0	128.6	156.8	56.3	8.4
2020	排放量（万吨）	352	144	125	79	5
	单位运输周转量主要污染物排放量（克/百吨公里）	253.5	103.8	89.8	56.7	3.2
2010年相对2005年变化率	排放量	-28.4%	-46.6%	-12.9%	1.7%	-34.8%
	单位运输周转量产生的主要污染物排放量	-33.4%	-50.3%	-19.0%	-5.3%	-39.3%
2020年相对2005年变化率	排放量	-33.8%	-44.9%	-36.3%	30.9%	-67.8%
	单位运输周转量主要污染物排放量	-51.8%	-59.9%	-53.6%	-4.7%	-76.5%

到2010年和2020年，由于营业性汽车将以满足国Ⅲ和国Ⅴ机动车排放标准的车辆为主，与2005年相比，营业性车辆单车公里污染物排放标准提高幅度很大，由此，使得营运车辆的主要污染物排放量和排放强度大为减少。取整后，污染物排放指标为：2010年营运车辆主要污染物排放总量和单位运输量产生的污染物排放量比2005年分别减少25%和30%左右；2020年营运车辆主要污染物排放总量和单位运输量产生的污染物排放量比2005年分别减少30%和50%左右。

2. 公路绿化指标

公路绿化是公路建设的一个重要组成部分。它对于提高交通安全性和舒适性，缓解公路施工给沿线地区带来的不良影响，保护自然环境和改善生活环境等都具有极其重要的意义。公路绿化率是指公路绿化达标里程与可绿化里程之比，是衡量公路基础设施建设对生态影响的指标。截止到2006年底，交通系统已累计实现绿化里程123万公里，占公路可绿化里程的60%。

根据公路绿化现状和“十五”期间公路绿化的发展情况，预测2010年和2020年公路的绿化率。公路绿化率预测如表20所示。

表20　2010—2020年公路绿化率预测表

年份	总计	国道	省道	县道	乡道	专用道路
2010	68.4%	91.9%	85.7%	74.5%	59.8%	71.9%
2015	68.7%	95.9%	87.4%	76.8%	61.0%	73.2%
2020	68.6%	99.6%	89.0%	78.9%	61.9%	74.5%

以上预测结果尤其是县乡公路和专用道路的绿化率是基于目前该类道路绿化的现实状况和增长率得出的。伴随着公路绿化工作的进一步加强，新增县乡公路等低等级公路的绿化工作将得到明显地改善，该类道路的绿化率将有较大幅度的提高。综合考虑公路绿化的发展潜力等因素，确定2010年和2020年发展目标分别如下。

到2010年，全国国省道的绿化率达到90%，其中高速公路绿化率达到100%，省道绿化率达到86%，县道公路绿化率达到75%，乡道绿化率达到65%，专用公路绿化率达到75%。

到2020年，力争国道和省道实现100%绿化，县道和专用公路绿化率达到90%，乡道绿化率达到75%。形成带、网、片、点相结合，层次多样，结构合理、功能完备的绿色长廊，使绿色通道与生态环境、城乡绿化美化融为一体。

3. 水污染指标

水上运输可能从以下两个方面影响到水上环境：首先港口及其有关设施会征用沿海地带的土地，并经常需要进行疏浚工程，而疏浚工程以及废弃物堆场会对海洋生物产生影响。其次是石油品和化学品的泄漏以及过多的废物排放问题。全球平均每年有大约一百万吨石油污染物产生于海上运输活动（海上燃油泄漏事故和油船清洗），主要对海中动植物和海滩产生破坏性影响。

目前，中国水域油污染的情况十分严重，溢油事故发生的次数越来越多。据统计，中国沿海地区在1976—1999年期间，发生了船舶溢油事故2 257起，其中重大溢油事故51起，平均每年超过了2起。近几年来中国重大污染事故显著增长，自1994年以来，重大溢油事故每年增加至5～7起。随着中国石油运量不断增加，油轮吨位向大型化发展，在今后的一段时间内，中国发生重大溢油事故的可能性会越来越高。这里，我们主要选取船舶大中型污染事故发生率（%）作为反映水上污染的指标。

船舶大中型污染事故发生率＝船舶大中型污染事故发生次数/船舶流量（艘次）。

其中，船舶大中型污染事故系指船舶泄漏污染物质量10吨及以上的事故。该评价指标可以反映中国境内水域船舶污染事故发生的概率，体现中国水上安全监管与防污染工作的水平。船舶污染事故以水面溢油污染为主，国内一般对溢油事故按照溢油量进行分级：小型溢油（一级）：溢油量10吨以下；中型溢油（二级）：溢油量10～50吨；大型溢油（三级）：溢油量50吨以上。

随着水路交通的发展，船舶污染问题越来越受到社会各界的关注。船舶污染事故以水上溢油事故和危险化学品泄漏污染事故为主要代表。以溢油事故为例，据统计，1976—2000年，中国沿海共发生大小船舶溢油事故2 353起，平均每3.5天发生一起。近年来，虽然中国不断加强水上安全监管与防污染力度，但船舶溢油事故仍时有发生。由于水上运输日益繁忙，船舶污染事故从年发生量绝对值上来看，呈上升趋势，但从相对值来看，污染事故率呈稳中有降趋势。

参考相关研究成果，我们综合确定：2010 年全国重点航区船舶大中型污染事故发生率不超过 0.002%；2020 年不超过 0.001 5%。

（五）交通安全指标

完整的交通安全指标体系一般包括交通事故（包括事故件数、死亡和失踪人数、沉船艘数和直接经济损失等）、维护交通安全的投入和保障条件（机构组织、设施装备、经费和人员等）以及安全管理（人员管理、运输工具管理、交通管理和政策法规等）三个方面。指标结构一般分为四类，存量指标（绝对值）、质量指标（相对值）、结构指标（比例、构成）和变动度指标（变化情况）。

这里，主要是从行业发展的角度提出交通安全评价指标，因此，选取营运车辆万车死亡率、运输船舶死亡人数作为交通安全主要评价指标。

——营运车辆万车死亡率

该指标通过道路交通人命安全与营运机动车保有量的关系描述道路交通人命安全程度，其定义为，营运车辆造成的道路交通死亡人数与营运车辆保有量之比，该指标是亿车公里死亡和失踪人数的替代指标。其计算方法为：

营运车辆万车死亡率 = 营运车辆造成的道路交通

死亡人数 $\times 10^{-4}$/营运机动车保有量。

2006年全国共发生道路交通事故近38万起，死亡近9万人，受伤43万多人，直接财产损失14.9亿元。美国拥有世界5%的人口，占有世界20%的机动车辆，但每年交通事故死亡人数只有4万。据统计，全世界每年道路交通事故死亡人数为50万至60万人，中国汽车拥有量只占全世界的2%左右，但每年道路交通事故死亡人数却占到全世界的15%至20%，交通事故死亡绝对人数一直是世界第一。同时，中国交通事故致死率也是全世界最高的。比如：2004年中国交通致死率为27.3%，而同期美国为1.3%，日本为1%。

因此，改善目前的道路交通安全状况是非常紧迫和必要的。根据"十一五"道路交通安全规划，"十一五"期间每年道路交通事故死亡人数不超过"十五"期间年平均数；到2010年，全国道路交通事故死亡人数低于9万人，交通事故万车死亡率不超过5.0，一次死亡10人以上特大事故起数比2005年下降20%以上，货损率不超过2%。

《全面建设小康社会公路水路交通发展目标》指出：2010年公路营业性车辆万车死亡人数较2004年下降40%，2020年公路营业性车辆万车死亡人数下降65%。据此，我们综合确定：与2005年相比，2010年营运车辆万车死亡率下降40%；2020年与2010年相比，营运车辆万车死亡率下降40%。

——运输船舶死亡人数

运输船舶死亡人数是指运输船舶发生事故导致死亡的人数。该指标用于描述水上船舶安全程度。

2006 年水上交通事故件数、死亡人数、沉船艘数、直接经济损失同比分别下降 17.2%、21.5%、18.5% 和 10.6%。全年共组织搜救 1 620 次,救助 16 753 人,水上救助成功率达 95.7%。2006 年交通部直属海事系统工作会议上指出:"十一五"末中国水上交通安全监管在安全指标上力争达到:水路客运亿人公里死亡人数、货运 100 亿吨公里死亡人数降至 1 人以下;万艘运输船舶重大事故率比"十五"期间统计平均数下降 10%,海上人命救助成功率大于 93%。确保"十一五"末水上交通安全监管主要指标达到中等发达国家水平。

根据中国交通部海事局研究成果,确定 2010 年与 2005 年相比运输船舶死亡人数下降 10%。

(六)科技进步指标

科技进步是科学技术为促进经济发展和社会进步的需要而不断发展和提高的过程,是由所确定的范围内两个不同时刻科学技术水平的变化状况进行对比得出来的,表现为能够使一定数量生产要素的组合创造出更多、更高质量的产出。科技进步速度的测度指标称为科技进步贡献率,反映了科技进步对经济增长的贡献。科技进步作为推动经济和社会发展的强大动力,给人类的生产生活带来了巨大的影响。世界交通运输业发展的历史表明，新的运输方式出现、运输技术装备性能的改善和运输结构的演进，科技进步起着决定性的作用。因此，我们选择科技进步贡献率作为主要指标，该指标是综合性指标，能够总体上反映交通科技进步的水平，并且可以测度，具有可比性。该指标的主要问题是不够直观，目前统计数据不完整。

目前，所采用的科技进步贡献率测度方法从总体上可分为主观评定和生产函数测定法两大类。其中常用的测定法主要有以下几种。

(1) C-D 生产函数

科技进步的基本概念源自于经济学上对生产函数的研究。自 1928 年美国数学家柯布(Cobb)和经济学家道格拉斯(Douglas)阐述了 C-D 生产函数以来，这种描述资本和劳动投入量与产出量之间关系的方法就成为测算科技进步贡献率的基本方法。C-D 生产函数的基本形式为：

$$Y = AK^{\alpha}L^{\beta}\mu$$

式中：Y 表示产出，K 表示资本投入，L 表示劳动投入，α 和 β 分别代表资本和劳动的产出弹性系数，A 为效率系数，是广义科技进步水平的反映，μ 为随机误差，代表了估计的误差水平。

(2) 詹恩 · 丁伯根改进型生产函数

1942 年首届诺贝尔经济奖获得者，荷兰经济学家詹恩 · 丁伯根(J · Tinbergen)对典型 C-D 生产函数进行了改进，考虑所选取的样本一般都是一个时间序列，故引入时间变量，即：

$$Y = A_0 e^{mt} K^{\alpha} L^{\beta} \mu$$

式中：A_0 为初始科技水平；m 为科技进步参数；t 表示时间；e^{mt}称作综合科技进步因素，是考虑了引入时间因素后，广义科技进步对产出的影响作用。丁伯根将 C-D 生产函数的常数 A 换成随时间变化的量 $A_0 e^{mt}$，巧妙地将科技进步引入了生产函数，很好地解决了科技进步的量化难题。将丁伯根改进模型两边取自然对数，得到：

$$\ln Y = \ln A_0 + mt + \alpha \ln K + \beta \ln L$$

（3）"索洛余值法"测算科技进步贡献率

1957 年美国经济学家罗伯特·索洛（R·M·Solow）在研究美国经济时发现影响经济增长的根本动因在于技术进步而非资本积累。他指出，1909—1949 年 40 年间，美国非农业部门中每年经济增长 15%，人均产出增长 10 倍，其中增长率的 87.5% 是依靠技术进步取得的。据此他将人均产出作为独立变量来度量技术进步，提出"索洛余值法"，被经济学家们认为是科技进步经济学的经典之作，在世界各国的长期经济增长研究中得到广泛的应用。

当前中国交通科技总体水平不高。基础设施、运输装备、装卸设备和运营管理技术含量低，水平不高；从业人员中，高水平人才、受职业教育和专职培训的人员比例不高；科技成果向现实生产力转化的机制还没有完全建立，科技进步对交通发展的贡献率比较低。

根据当前中国交通科技的发展情况，现选取索洛余值法对交通科技贡献率进行测算。索洛的增长速度方程为：

$$a = y - \alpha k - \beta l$$

$$E_A = \frac{a}{y} \times 100\%$$

其中：y 为产出增长率，a 为科技进步增长率，k 为资本投入量增长率，l 为劳动投入量增长率，α 表示资本的产出弹性，β 表示劳动的产出弹性。E_A 即科技进步贡献率，它是直接反映科技进步对经济增长影响的综合指标，它表明科技进步在总产值增长中贡献的大小或所占比重。

从交通行业的性质和特点来考察，客、货周转量是运输生产的最终产品，它综合反映了整个运输系统及其各个环节的能力和效率，其大小和发展变化的趋势体现了各生产要素投入数量、质量及其组合的优劣。因此，我们采用换算后客货周转量作为衡量交通产出量的指标。

交通资金投入量选择主要考虑公路水路固定资产投资。考虑到物价变化等价格因素对公路、水路固定资产投资的影响，参考全国每年的固定资产投资价格指数进行修正。对当年价的固定资产投资数据进行处理，换算成以基年为基期不变价的指标数据，则各年固定资产投资计算公式为：

$$K_t = \frac{K'_t}{I_{K_t}}$$

其中，K'_t 为固定资产投资原值，I_{K_t} 为 t 年物价指数，K_t 为不变价的固定资产投资额。在生产中投入的劳动量是指生产过程中实际投入的劳动量，比较科学的方法是用标准劳动强度的劳动时间衡量。由于中国缺少比较全面的统计资料，所以采用历年交通行业职工人数作为劳动投入量指标。

这里，参数的估计采用经验法——国家计委、国家统计局推荐值：资金产出弹性 $\alpha=0.3$，劳动产出弹性 $\beta=0.7$。"十五"期间交通科技进步贡献率测算结果为：$E_A = 40.1\%$

此测算结果反映的是"十五"期间的平均水平。用每一年间的增长变化计算的各年际间的科技进步贡献率，容易受一些偶然非科技进步范畴因素的影响，造成年际间测算结果的波动较大，不能有效真实地反映一般的发展趋势，而年均的科技进步贡献率却能相对有效地消除偶然因素的影响，因此，以五年计划为时间段的年均科技进步贡献率基本上能反映该时期交通科技进步的一般水平和总体趋势。也就是说，中国"十五"期间交通科技进步贡献率平均水平为40.1%。

发达国家科技进步对经济增长的贡献率都在60%以上，有的高达80%，中国仅40%左右。国家"十一五"科学技术发展规划指出，2010 年科技进步对经济增长的贡献率将达到 45% 以上；国家中长期科学和技术发展规划纲要提出：到 2020 年，力争科技进步贡献率达到60% 以上。

我们采用有关预测方法对"十一五"期间相关指标值进行了预测。根据数据预测结果,计算"十一五"期末中国交通科技进步贡献率为:

$$E_A = \frac{a}{y} = 1 - \frac{\alpha k}{y} - \frac{\beta l}{y} = 45.24\%$$

根据相同方法,测算2020年科技进步贡献率为60%。据此,提出科技进步指标的预期目标是:2010年与2005年相比,交通科技进步贡献率提高5%;2020年交通科技进步贡献率达到60%以上。

(七)公众满意指标

交通运输作为现代服务业的重要组成部分,其根本目的是为公众提供便利的运输服务,其服务的基本对象是广大的人民群众,因此必须把人民的利益放在首位,关心群众的真正需要,提升服务水准,改善交通环境,进一步满足人民群众不断提升的交通需求,以最终达到人民群众对交通行业的高度满意。这里我们建议选取公众满意度作为衡量公众对交通发展满意程度的主要指标。

公众满意度是指公众对于交通行业提供服务产品的满意程度,它的确定需要利用公众满意的基本测量原则和测量方法加以量化,进行公众满意的测量指标体系及测量方法的设计。

结合交通行业特点,将测评指标体系划分为四个层次较为合理(表21)。每一层次的测评指标都是由上一层测评指标展开的，而上一层次的测评指标则是通过下一层的测评指标的测评结果反映出来的，其中“公众满意指数”是总的测评目标，为一级指标，即第一层次；公众对交通服务的期望、公众对交通服务质量感知、公众满意、公众抱怨等四个要素作为二级指标，即第二层次；根据公共服务、政府职能和交通行业的特点，可将四个要素展开为具体的三级指标，即第三层次；三级指标可以展开为问卷调查的问题，形成测评指标体系的四级指标，即第四层次。

表21　公众满意度测评的一、二、三级指标

一级指标	二 级 指 标	三 级 指 标
公众满意指数	公众对交通服务的期望	对交通服务质量的总体期望
		对交通服务质量满足公众需求程度的期望
	公众对交通服务质量感知	公众对交通服务质量的总体评价
		公众对交通服务质量满足需求程度的评价
	公众满意	总体满意度
		感知与期望的比较
	公众抱怨	公众发起法律诉讼情况
		公众上访或信访
		公众舆论评价

实际上建立公众满意度测评指标体系，主要是设定测评指标体系中的三级指标和四级指标。这里，我们初步建立了三级测评指标。测评指标体系的四级指标是由三级指标展开而来，是公众满意度测评中直接面对公

众的指标，它是与公众满意度测评问卷中的问题相对应的。

(八)行政能力指标

行政能力指标主要是反映政府在交通行业发展中的行政执行力、公信力的水平，反映了政府交通部门职能转变的程度。提高政府的行政能力可通过深化体制改革、完善法律法规和服务标准体系来实现。本研究主要选取法律法规指标和服务标准指标来衡量行政能力。

1. 法律法规指标

法律法规指标主要以交通法律法规体系框架来表征。公路、水路交通法律法规体系框架结构，是指交通法律、行政法规、规章分类组合而形成的有机统一体，由公路交通法律法规体系和水路交通法律法规体系构成。公路、水路交通法律法规体系框架如表22所示。

表22　公路、水路交通法规体系框架

类别	法规	法律	行 政 法 规
公路交通法规体系	公路法规	《公路法》	《公路管理条例》
			《收费公路管理条例》
			《高速公路管理条例》
			《公路设施安全保护条例》
	道路运输法规	《道路运输法》	《道路运输条例》
			《机动车维修及道路运输车辆技术管理条例》
			《出租汽车和公共汽车客运管理条例》

续上表

类别	法规	法律	行 政 法 规
水路交通法规体系	港口法规	《港口法》	
	航道法规	《航道法》	《航道管理条例》
			《航标条例》
			《过船建筑物管理条例》
	航运法规	《海商法》	《国际海运条例》
			《水路运输管理条例》
		《航运法》	《中华人民共和国港口间海上旅客运输赔偿责任限额规定》
			《关于不满 300 总吨船舶及沿海运输、沿海作业船舶海事赔偿限额的规定》
	船舶法规	《船舶法》	《船舶和海上设施检验条例》
			《船舶登记条例》
			《小型船舶管理条例》
	船员法规	《船员法》	《船员条例》
	水路交通安全法规	《海上交通安全法》	《航行警告通告规定》
			《防止船舶污染水域管理条例》

中国公路、水路交通法律法规体系发展目标是：改革完善现行交通运输管理体制，初步建立符合社会主义市场经济体制要求的体制机制和政策法规体系，“十一五”期间重点解决规范、促进和保障交通工作的法律依据问题，尽快确立包括基础设施建设与管理、运输服务、运输安全等在内的交通法规体系，使各项交通事业都做到有法可依，完成公路水路交通法规子系统的法律或者主要行政法规制定；使已经制定完成的有关公路水路交通法

律之间、法规之间相互协调，避免冲突。到 2020 年，建立符合社会主义市场经济体制要求、适应中国交通运输发展的体制机制和政策法规体系。

2. 服务标准指标

随着服务业在国民经济中所占比重不断增加，标准化工作的重点从传统技术领域向服务领域拓展。服务标准即对某项服务工作应达到的要求所制定的标准。服务标准化是通过对服务标准的制定和实施，以及对标准化原则和方法的运用，以达到服务质量目标化、服务方式规范化、服务过程程序化，从而获得优质服务的过程。其中，服务质量目标化、服务方式规范化和服务过程程序化三者是不可分割的整体，由它们共同实现服务标准化的目标。传统交通运输服务业向现代服务业转型，已不仅仅局限于人员或货物在一定空间内转移的服务，还包括许多与该服务有关的辅助性、支持性服务，如货物代理、仓储、信息服务等，服务标准化工作是一项重要工作，对整个交通运输行业素质的提高起着非常关键的作用。

根据从事公路、水路运输服务应达到的服务要求所制定的标准称为公路、水路运输服务标准。这里，服务标准指标主要以服务标准体系来表征。交通服务标准体系如表 23 所示。

提高交通运输业的服务水平，政府应重视服务中和服务后的客户评定及行业考核与评定，改善目前运输服务管理普遍存在的重引导、轻考核现象。因此,需要健全交通运输服务质量指标体系、制定运输服务质量考核、运输服务企业信用评价指南等方面的标准,如《交通运输服务质量评价体系》、《交通运输服务质量指标体系》、《交通运输企业信用评价体系》等,这些标准是提高运输服务质量管理水平的重要内容之一,主要是评价运输服务企业在一定时期内为客户提供服务的效用及其对客户需求的满足程度,包括服务态度、服务技术、服务设施、服务项目、服务时间等方面。

表23　公路、水路交通服务标准体系统计表

标准类别	已发布		已列计划		拟制定	
	国标	行标	国标	行标	国标	行标
服务基础标准	1	0	0	2	2	4
通用标准	10	3	19	3	36	5
公路运输通用服务标准	3	16	2	5	5	3
公路运输服务	5	23	3	10	5	28
公路运输支持性服务	12	31	5	14	8	8
公路货物运输辅助服务	0	2	0	1	0	15
水路运输通用服务标准	18	10	13	14	3	11
水路运输服务	13	28	2	8	16	20
水路运输支持性服务	1	24	2	2	5	32
水路运输辅助服务	16	78	0	2	13	9
总计	79	215	46	61	93	135

综合以上指标体系分析,确定发展现代交通运输业的总体要求为:

到2010年,交通发展质量和效益明显提高,运输服务的能力和水平明显增强，交通行业创新能力明显提升，现代交通运输业发展明显加快，基本适应国民经济和社会发展的需要。

——交通基础设施建设和运营服务水平明显改善，基础设施网络化程度和管理信息化水平进一步提升，道路、航道通行能力明显增强，港口、站场服务功能进一步拓展，运输方式之间分工合理、衔接有效，服务效率明显提高。

——交通增长方式转变取得明显进展，资源利用、环境保护的水平明显提高，交通发展集约利用土地和岸线成效显著，单位运输能耗和污染物排放量明显下降。与2005年相比，实现公路单位运输周转量用地面积下降10%，营运货车单位运输周转量能耗下降5%，营运船舶单位运输周转量能耗下降10%，营运车辆单位运输周转量污染物排放量下降30%。

——运输服务质量明显提高，运输组织进一步优化，运输服务效率有效提升，运输服务领域得到拓展，服务增加值有所增长，公众出行信息服务及时、准确，公众满意度明显提高。

——公路水路交通支持保障系统更加完善，交通安全服务水平、救助打捞和应急保障能力明显提高，营运车辆引发的道路交通事故死亡人数大幅减少，运输船舶重大事故率持续下降，与2005年相比，营运车辆万车死亡率下降40%，万艘运输船舶重大事故率下降10%。

——创新型交通行业建设得到有效推进，科技创新体系进一步完善，科技的支撑作用进一步加强，与2005年相比，交通科技进步贡献率提高五个百分点。

——交通管理体制改革取得实质性进展，基本建立符合社会主义市场经济体制要求的体制机制和政策法规体系。

到2020年，交通发展的质量和效率显著提高，运输服务能力和管理水平显著提升，行业的创新实力显著增强，节约资源、保护环境取得显著成效，形成更安全、更通畅、更便捷、更经济、更可靠、更和谐的交通运输服务体系，使交通发展的成果惠及城乡、人民共享，适应全面建成小康社会的需要，为本世纪中叶实现交通现代化打下坚实基础。

——交通基础设施建设和运营服务水平显著提高，道路、航道通行效率和港口作业效率显著提升，行业管理接近发达国家水平。

——交通运输全面转入资源节约、环境友好的发展轨道，资源利用、环境保护的水平显著提高。

——惠及全民的交通运输服务体系进一步完善，交通运输服务水平和效率显著提升，运输组织全面优化，形成完善的货运物流体系，建成高效的城乡一体化的公共客运服务网络，为人民群众安全、便捷出行提供多样化、多层次的服务，运输服务增加值大幅提高。公众出行信息服务系统功能完善，公众满意度显著提高。

——公路水路交通支持保障系统趋于完善，交通安全水平、救助能力和应急抢险打捞能力显著提高，营运车辆、船舶运行安全接近发达国家水平。

——建成创新型交通行业，科技创新能力显著增强，信息化和现代管理等高新技术在交通领域得到广泛应用，科技进步贡献率达到60%以上。

——建立起完善的符合社会主义市场经济体制要求的体制机制和政策法规体系。

到本世纪中叶，运输服务能力、资源利用效率、运输生产能耗、生态环境保护达到同期发达国家水平，建成安全、通畅、便捷、经济、可靠、和谐的现代交通运输体系，实现基础设施网络化、公众出行便捷化、货物运输物流化、运营管理智能化、公共服务人性化、资源环境最优化，全面实现交通运输现代化。

第五章　发展现代交通运输业的重点任务

发展现代交通运输业，在当前和今后一个时期的战略重点是：调整交通结构，促进结构的优化升级，增强交通运输保障的能力；转变发展方式，建设资源节约、环境友好型交通，增强交通可持续发展的能力；推进自主创新，建设创新型行业，增强交通发展的内在动力；完善行业管理，建设服务型政府交通运输部门，增强交通公共服务的能力。具体来说，主要体现在以下六个方面的重点任务。

第一节　大力调整优化交通结构

一、调整结构是发展现代交通运输业的重要任务

进入新世纪，中国进入了科学发展的新阶段。随着国家经济社会发展“三步走”现代化战略的深入实施，综合国力显著增强，人民生活不断改善，国际地位明显提升。然而，经济社会发展中产业结构不合理，城乡之间、地区之间发展不平衡等问题依然存在，经济社会发展与资源环境的矛盾日益突出。党中央、国务院及时、准确地把握中国发展的阶段性特征和规律，提出以科学

发展观统领经济社会发展全局，采取一系列宏观调控措施，调整和优化经济结构。党的十七大报告明确指出，加快转变经济发展方式、推动产业结构优化升级是关系国民经济全局紧迫而重大的战略任务。国家“十一五”规划纲要具体提出了调整经济结构的思路和任务。中国经济结构战略性调整已进入关键时期。

经济结构调整不仅改变一、二、三产业的发展比例和产业布局，还涉及消费结构升级和大众生活方式转变，并最终体现为各种经济发展的要素和资源在各领域间的流动和重新配置。交通运输既是基础性产业，又是服务性行业，是国民经济的重要组成部分，发挥着支撑经济发展、引导生产力布局、沟通城乡、保障国家安全和社会稳定的基础性作用，担负着为经济社会发展提供安全、便捷、高效、优质运输服务的重任。经济结构调整必然带来对交通运输需求结构的重大影响，要求交通运输结构必须进行相应的调整。

交通运输结构调整不仅是国家经济结构战略性调整的需要，更是其重要的组成部分。加快交通运输结构调整是抓住新时期国家经济结构调整的战略机遇、发展现代交通运输业的重要任务，也是改变交通运输是国民经济薄弱环节的被动局面和被动地位，谋求交通运输长远发展的主动权，加快发展综合运输体系的需要。

二、调整交通运输结构的重点任务

公路水路交通要按照国家推动产业结构优化升级的

战略部署，加快基础设施结构调整，引导运输结构不断优化，合理布局交通基础设施，优化运输资源配置，在发展中实现结构调整，统筹基础设施建设、养护与运输服务协调发展，促进综合运输体系建设。

（一）调整基础设施结构，优化网络功能结构与布局

一是统筹城乡、区域交通运输发展。坚持效率与公平并重，加强农村公路建设，改善农村和“老、少、边、穷”地区的交通条件，为社会主义新农村建设服务。实行区域交通差异化发展战略，东部地区交通率先实现现代化，中部地区交通实现崛起，西部地区交通取得突破性进展，加快长三角、珠三角、京津冀等区域交通运输一体化建设，提高交通运输服务区域经济社会发展的能力，在更大范围、更高层次上实现交通运输协调发展。

二是调整公路基础设施结构。加快建设国家高速公路网，加强网络断头路、疏港高速公路及与其他运输方式衔接路段的建设；加强国省干线公路改造力度，提高国省干线公路等级和二级及以上公路比重，大力改善国省道路面技术状况，进一步提升国省干线公路养护质量和服务水平；继续推进农村公路“通达工程”和“通畅工程”建设；加强农村公路的正常管理养护，改善农村客运班车站点条件；加快形成布局合理、能力充分、衔接有效、服务优质的公路运输站场体系；加快重点物流园区（中心）交通基础设施建设和多式联运系统建设；加大公路安全、救助、旅游服务等配套设施建设；加大公路

危桥、安全隐患路段改造力度，完善高速公路安保和服务设施，加大交通安全监控的覆盖范围；加强公路信息化建设，积极推进高速公路联网收费，加强枢纽城市公路运输站场信息网络建设，完善客运、货运公共信息服务系统，提高出行信息服务水平。

三是调整沿海港口结构。发挥主要港口的龙头作用，促进区域港口协调发展，形成层次清晰、分工合理、竞争有序的港口发展格局；拓展港口功能，充分发挥港口带动临港产业开发的推动作用；建立一体化信息平台，实现各种运输方式有效衔接；加快建设以港口为依托的综合物流园区，延伸港口现代物流服务产业链；进一步完善集装箱、煤炭、原油、矿石等专业化运输系统，提高专业化码头等级和通过能力，加强通用泊位新建与改造力度；大力发展公用码头，加强规模化、集约化公用港区建设，提升港口公共服务能力与水平，提高港口资源利用效率；全面推进港口改造，加强老港区城市化改造，扩大港口通过能力，节约使用港口岸线资源，促进港口与城市协调发展；进一步提高港口航道等级，继续实施长江口深水航道治理工程，进一步提高沿海港口进港航道等级，适应船舶大型化发展趋势。

四是调整内河水运结构。全面建设国家高等级航道，逐步建成干支衔接、连通海洋的“两横一纵两网十八线”高等级航道体系；加快发展长江黄金水道，实施长江口深水航道向上延伸工程和长江干线航道治理工程，启动长江数字航道与智能航运建设工程，提高长江水运服务保障能力和现代化水平；加快航电结合、梯级开发进程，继续实施湘江、嘉陵江、汉江、右江、赣江、松花江等航道的航电结合、梯级开发建设工程，全面提高支流航道的通航标准；加强内河主要港口建设，重点建设集装箱、煤炭等专业化码头，提高内河港口专业化、机械化水平，拓展内河主要港口功能。

五是调整支持保障系统结构。加强交通安全监管和救助能力建设，加大海事、救助系统交通资源优化配置力度，完善汽车滚装码头危险品检测手段，提高公路交通安全监控的覆盖范围；建立公路、水路交通安全保障体系和应急机制，建设交通应急平台，完善突发公共事件应急预案，建立重点物资和紧急物资运输保障体系。

（二）调整运输结构，提升交通运输服务能力

一是促进综合运输体系发展。强化"建运并重"的发展理念，强调运输系统的整体性、功能性和协调性，增强运输资源的有效开发和利用。充分发挥公路、水路交通在技术经济、资源利用和服务方面的比较优势，加强与其他运输方式的有效衔接和协调发展，大力发展多式联运。加快建设服务于重点枢纽港口、重点物流基地（中心）、综合客运枢纽的集疏运配套设施，促进交通网络点（港、站）、线（通道）、面（网布局）的协调发展。

二是优化运输组织结构，提高产业集中度。发挥市场机制配置资源的基础性作用，通过政策引导，推动运输业规模化、集约化、网络化发展，提高运输企业的竞争力，促进运输生产的安全、便捷、可靠和高效，逐步实现货运的无缝衔接和客运零换乘。

三是加快运输装备升级，优化运力结构，推广使用标准车型和船型，引导营运车船向标准化、专业化、清洁化方向发展，鼓励厢式运输、甩挂运输、汽车列车等专业化运输方式，引导货运大型重载车辆的发展，促进高效、节能运载工具的发展。优化远洋船队结构，加快推进进口能源、重要原材料的国轮船队建设，加快专业化大型船队和新型船舶的发展，提升我国海运船队技术水平和国际竞争力。提高内河运输平均吨位，发挥内河水运的优势。

第二节　加快转变交通发展方式

一、转变发展方式是发展现代交通运输业的根本途径

中国人均资源紧缺。耕地、淡水、能源、铁矿等重要战略资源的人均占有量均不足世界平均水平的1/2到1/3。石油、铁矿、铜矿等矿产资源十分紧缺，对外依存度均在40%以上。生态环境也面临着巨大压力。水、大气、土壤等污染严重，化学需氧量、二氧化硫等主要污染物排放已居世界前列。2005年初，瑞士达沃斯世界经济论坛公布了最新的“环境可持续指数”评价，在全球144

个国家和地区的排序中，中国位居第133位。中国目前正处于工业化、城镇化加快发展阶段，对能源资源等的需求将不断增加，长期形成的结构性矛盾和粗放型增长方式尚未根本改变，经济增长的资源环境代价过大，必须加快转变发展方式，建设资源节约型和环境友好型社会。

交通发展对土地、岸线、能源等资源依赖性强，对环境影响较大，是建设资源节约型和环境友好型社会的重要领域。近十年来，在公路水路交通发展过程中，开始注重节约资源、保护环境，并取得了一定的成效。公路网等级结构的改善，有效提高了公路用地的集约化水平，"十五"期间公路单位运输周转量用地面积降低了13%；港口泊位的大型化、深水化和专业化发展，大大提高了岸线资源的利用效率，"十五"期间全国港口单位长度生产用泊位完成的货物吞吐量提高了77%；船舶运力结构不断优化，能源利用效率持续改善，"十五"期间全国营运船舶单位能耗降低了11%；防治和控制船舶重大污染事故应急反应体系初步建立，与自然环境相和谐的公路示范工程积极推进，交通环境保护水平得到明显提升；此外，交通发展战略规划、政策法规、标准规范体系建设取得积极进展，行业体制机制持续完善，行业管理能力明显增强，交通节约资源和保护环境的制度环境不断改善；交通科技进步全面推进，节约资源和保护环境的技术基础和能力不断增强。

推动科学发展、促进社会和谐对公路水路交通发展提出了新的更高要求，主要是：进一步完善交通网络布局，提高运输组织效率，降低社会物流成本；进一步提高客运服务质量和水平，完善公共交通服务体系，服务人民群众安全便捷出行；更加关注欠发达地区、低收入群体的出行需要，进一步促进运输服务的均等化；更加注重节约集约利用土地、岸线等资源，强化节能减排，促进交通与生态环境的和谐；更加注重各种运输方式的有效衔接，提高综合运输整体效益；更加注重提高自主创新能力，充分利用现代信息技术和管理技术，促进交通产业结构升级，加快现代交通运输业发展进程，等等。面对新形势和新要求，必须加快交通运输发展方式转变，走资源节约、环境友好的发展道路，促进交通运输科学发展，这是发展现代交通运输业的根本途径。

二、加快转变交通发展方式的重点任务

公路水路交通要坚持节约资源和保护环境的基本国策，以节约与集约利用资源和保护生态环境为主线，把节约资源、保护环境落实到交通发展的各个层面和各个环节，遵循“减量化、再利用、资源化”原则，积极发展交通循环经济，加快转变交通发展方式，提升交通运输发展的质量和效益，实现交通运输发展与自然生态的和谐统一。

(一)节约利用资源，实现集约发展

一是节约集约利用土地资源。在交通规划与建设项

目立项、设计、施工等各个环节落实最严格的耕地保护政策。

发达国家在规划决策、设计、施工等阶段都十分重视节约集约利用土地。比如,美国的公路建设,从规划、设计到施工与管理,不仅要考虑到经济发展对交通的需求,还要考虑到居民生活和环境建设等方面的要求。按照这一理念,每项工程的建设都要在公路建设、土地开发、运输管理、环境保护、社会服务等有关部门间建立起一种相互配合、相互衔接、协调发展的关系。设计人员、施工人员以及使用管理人员紧密结合,综合协调处理公路建设与经济发展之间、公路建设与社会生活及环境保护之间的关系,共同对项目的总体效益负责。日本非常注重交通规划与土地规划的协调,于 2001 年将运输部、建设部、国土管理办公室和北海道开发办公室合并,建立国土、基础设施与运输部。日本以五年为周期制定一次综合开发规划。2001 年 6 月,日本发布了《21 世纪土地、基础设施和交通的规划纲要》,其包含了土地、基础设施、交通和可视地图的未来景象。基础设施建设成为制定国土开发计划的重要组成部分。通过全国国土和经济计划来控制交通和其他公共设施的规模和布局,完善公共设施的计划、道路整修计划以及高速公路基本计划、新干线建设计划、港湾计划等。澳大利亚通过构建高效的运输和土地利用系统,影响土地利用的区位、规模、密度、设计及其组合,达到道路建设与经济、社会和环境的紧密结合，以及土地利用和道路建设的紧密结合，形成新的经济开发模式，实现土地资源节约和运输能力高效利用及经济、社会和环境可持续发展。以这种经济开发模式为基础，制定和实施了《国家土地利用和运输发展综合规划管理规章》，使高效的运输和土地利用综合规划系统模式法制化和制度化。这些都值得我们学习和借鉴。

要按照合理布局、经济可行、控制时序的原则，统筹协调交通建设规划，加强与土地利用总体规划和年度用地计划的衔接，不符合土地利用总体规划和年度计划安排的，必须及时调整和修改，核减用地规模，避免过度超前和低水平重复建设浪费土地资源。严格项目用地审查，合理确定建设规模、技术标准，公路建设项目设计、施工和建设用地审批必须严格执行用地标准，把土地特别是耕地占用作为方案选择的重要指标之一。加强交通基础设施建设中工程通信、监控、供电等系统管线的统筹规划。优化工程方案，高效利用线位资源，鼓励利用旧路改扩建，鼓励采取先进节地技术、降低路基高度、提高桥隧比例等措施，减少公路基础设施工程用地和取弃土用地。提高土地资源综合利用效率，尽量利用荒山、荒地、废弃地，减少占用耕地、林地和经济作物用地，重视对施工临时用地和取弃土场的恢复，鼓励工程建设中采取改地、造地、复垦等措施，节约利用土地资源。

专栏9:浙江省高速公路建设节约用地的经验

(1)将节约用地作为规划的一个重要原则。在规划实施高速公路项目时,将沿线的自然条件、建设条件、特别是土地等不可再生资源的利用作为重要的研究内容,统筹安排,合理确定项目的技术标准和建设规模。浙江“两龙”高速公路的修改规划就充分体现了这一精神。经论证,如建成一级公路,未来还需要在这一狭窄空间再建设一条高速公路,此方案得不偿失。因此,从一级公路改为高速公路,经测算,这一建设规划调整后至少节约了土地2.7万亩、资金40亿元。

(2)将节约土地作为工程可行性研究的控制指标。高速公路互通一般占地面积较大,根据统计资料,常规的单喇叭互通的占地面积在150亩左右,所以一条高速公路互通的数量对于占地面积大小也有较大的影响。按照每公里高速公路主线占地90亩计,如果每15公里设置1处互通,则平均每公路用地是100亩,如果每5公里设置1处互通,则平均每公路用地是120亩。因此,如何在人口密集区减少设置互通并尽可能通过完善地方交通网来满足就近上高速公路的需求也是节约耕地的重要内容。

(3)精心设计,节约土地。一是合理选用技术指标,最大限度节约占地。如改变边沟型式。如杭浦高速,在满足排水要求的前提下,将原占地较多的梯形边沟变更成了矩形边沟。变更后每公里路基节约土地约3亩,杭浦高速全线共可节约土地265余亩。二是合理设置附属设施。收费站采用一站多点式，一站带2～3个点，甚至是4～5个点，点上另有简单的收费设施，生活等设施集中在站上，1个收费点比1个收费站可节省土地4.5亩以上，同时还可节省基础设施建设费用和管理人员及费用。

——资料来源：浙江省交通厅调研材料

二是集约利用岸线资源。坚持规划指导、有序开发，集约利用港口岸线资源。进一步做好岸线功能区划，做到深水深用、合理利用；岸线使用必须符合规划，严格履行审批程序；推进港口岸线利用的法律法规建设，积极探索港口岸线有偿使用机制，提高岸线资源的综合使用效率。

三是制定水运资源长远开发、维护和使用规划，促进水资源综合利用。尽快完成建港岸线资源、内河航道资源彻查，在此基础上，结合国民经济发展目标以及对水运发展的需求，制定港口岸线和高等级内河航道规划，从深水岸线、陆域、净空、线位（运河和航道）、高等级航道、船闸通航等级以及通过能力等方面，切实为长远水运发展的资源开发、维护和使用提供支撑，保护内河航道提升等级所需的资源，使内河长远发展拥有可得、经济的资源，逐步做到合理使用、节约和保护水运资源，提高资源利用效率，为水运发展持续提供优良资源。根据区域经济发展的实际情况，选择有条件的地区制定水系沟通的运河规划，为建设高等级航道网、提高内河运输的连续性奠定基础。澜沧江、图们江、鸭绿江和黑龙江是中国和周边国家的界河，发展内河运输和江海直达运输具有超出航运本身的意义。应切实做好开发规划，努力完善与周边国家国境河流的合作开发机制，与国家相关部门密切合作，争取早日打通通向泰国湾、日本海和鄂霍次克海的海上通道，推动国际贸易进一步发展。

四是积极发展交通循环经济。遵循“减量化、再利用、资源化”原则，积极探索交通循环经济实现方式，加强宣传教育、加大科技研发、完善标准规范，进一步推进基础设施勘察设计、施工工艺、模板与材料等方面的标准化，倡导标准化设计、工厂化预制，提高再利用水平。加强港口、公路服务区等沿线设施的污水综合处理，加大中水回用力度。大力开展路面材料、废旧材料、疏浚土等资源的再生、循环和综合利用，实现交通发展对资源的少用、用好、循环用。

专栏10：日本在交通领域促进循环经济发展

日本国土交通省在其运输政策白皮书中，专辟章节阐述如何在交通运输领域促进循环型社会的形成，措施主要包括：积极推进交通建筑材料的循环利用，并提出了沥青混凝土、水泥混凝土、木材等建筑材料循环利用的定量考核指标体系；积极推进汽车循环利用，修订汽车报废报告体系，致力于构建一个汽车循环利用体系；积极推进安全和环境友好的船舶循环利用，在拆造船业等船舶循环利用的相关产业中采取了多种商业运作模式，并提出了相关强制性要求等。

（二）推进节能减排，发展清洁运输

一是加强节能减排监督管理。进一步完善交通节能减排法规与制度，加强行业节能减排监督管理。完善交通建设项目节能评估与审查制度，制定节能评估导则和审查指南，将节能要求作为项目立项、初步设计、施工及验收审批中的刚性指标。制定并实施营运车船的燃料消耗量限值标准，建立和完善营业性车船燃料消耗准入与退出机制，不符合标准的，不得用于营运，从源头上限制高耗能运输车船进入运输市场，加强对营运车船燃料消耗检测的动态监督管理，逐步淘汰高耗能的设施和装备。建立港口主要耗能设备的行业准入制度，对重点耗能装置建立并实施严格的监控制度。强化对交通重点用能单位的监督管理，认真抓好能耗考核分析，改进用能管理和技术。健全交通行业能源利用监测体系，完善交通行业能源消耗统计报告和分析制度。

专栏11：发达国家强化政府交通节能监管

发达国家通过设立强有力的节能管理机构，强化政府节能管理工作。世界各国节能的管理模式不同，并与国家的政治体制及文化传统等因素密切相联。一般说来，市场经济国家大多采用市场机制为主，并辅以政府干预；少数国家则以政府干预为主，辅以市场机制。例如，澳大利亚联邦政府“以鼓励、引导和宣传为主，配合强制性法规和政策，促进节能环保事业的发展”；而有着东方文化背景的日本，则形成了“限制性政策+鼓励政策+信息服务”的管理模式。

节能除了具有市场推动的性质以外，还具有公共事业的性质，存在着市场失灵的现象。美国、欧洲、日本、澳大利亚等市场经济国家的经验表明，节能必须由政府来推动，设立负责节能工作的机构，通过政府职能在节能领域的不断强化，采用多种调控手段干预市场。例如：美国能源部专门设立了国家节能办公室，现改为能源效率和可再生能源办公室；日本的经济产业省由资源能源厅的节能新能源部专门负责节能事宜；澳大利亚政府设立了可持续能源署，在提高能源效率、应对气候变化领域行使政府职能。大部分发达国家都有比较完善的节能管理体系，一方面是在地方设有专门机构贯彻执行国家（联邦）及地方（州）的节能政策，另一方面通过建立良好的政策环境和激励措施，充分发挥了节能中介机构在政府和市场间的桥梁纽带作用。

二是完善节能减排相关政策。加紧研究促进节能减排的交通产业政策。努力推进交通节能政策创新，完善节能政策体系，明确转变交通发展方式、优化交通结构和提高质量效率的方向和重点，规范和引导行业节能工作，限制高能耗、低效率的交通企业发展，鼓励节能环保型企业的发展，推动企业淘汰落后的生产设施设备，制定并实施有利于交通节能的规费差异化政策，积极引导运输从业者和消费者购买和使用节能环保车船，研究和推动交通节能投资项目加速折旧政策，加快淘汰高油耗车船。

建立健全交通节能减排投融资机制。积极调整交通投资结构,加大交通节能投资力度,把节能投入作为交通公共财政支出的重点,充分发挥政府资金对社会资金的引导作用。根据"谁节约,谁受益"的原则,建立交通行业节能专项资金,对交通节能重点工程、重点节能科技创新、既有交通设施和运输装备的节能改造、可再生能源利用等项目给予重点支持,并鼓励购买高能效的运输、装卸和施工装备设施等,资助节能新技术研究开发、示范推广项目。同时,积极拓宽交通节能减排融资渠道,充分利用金融机构信贷、政策性银行资金,以及社会资金加大对交通节能项目的投入,重点推进交通节能技术研究开发、节能产品生产以及节能技术改造等,尤其是偿还能力强的交通节能基础设施建设项目和重点企业节能技改项目等。同时,积极扩大利用外资渠道,继续争取国际组织和外国政府无偿援助和优惠贷款,探索清洁发展机制(CDM)、碳排放交易等在交通领域的应用。

积极争取国家有关的节能减排财税优惠政策。积极跟踪国家资源税、环境税、消费税、进出口税等税制改革进程,深入研究分析其对交通节能的影响,积极争取中央财政和省级地方财政安排的节能专项基金对交通节能的支持,争取相关税收优惠扶持和财政补贴政策。积极推动燃油税改革方案的实施,尽早发挥财政税收政策对交通节能减排的效用。加强行业调控和运输市场监管,建立科学合理、有利于交通节能的运价形成机制,充分发挥能源市场价格对交通节能减排的积极作用，引导运输企业和经营者节能。

三是加强节能减排宣传教育。利用行业报刊、网站等各种方式，广泛、深入、持久地开展交通节能减排宣传教育活动，宣传中国能源形势和交通节能的重要意义，宣传国家和交通行业节能方针、政策、法律及法规；开展节能型港口、节能型工程、节能型企业、节约型机关（单位）等创建活动，表彰交通节能减排先进单位，激励贡献突出的个人，充分发挥舆论引导和监督作用，增强全行业节能减排意识，提倡节约型的交通消费方式。

强化教育培训，提高从业人员节能素质。开展经常性的交通节能培训教育、技术和经验交流，将交通节能减排知识纳入职业教育和培训体系；抓好节能基础教育、专业教育、社会教育和岗位培训，使交通行业各类从业人员接受不同层次和不同内容的节能教育，提高全行业的节能意识、业务水平和操作技能，逐步培养和造就一支高素质、稳定的交通节能减排工作队伍，全面提高全行业从业人员的节能减排素质。

建设节约型机关，发挥政府部门的节能减排表率作用。积极开展节约型机关建设，倡导崇尚节约、合理消费的机关文化，实施政府机构能耗定额和支出标准，强化能源消费计量和监测管理，建立和完善节能减排规章制度；推行政府节能采购，加大节能产品政府采购实施力度，带头使用节能产品、设备。

专栏12:把好驾乘人员的节能关

驾乘人员是企业实现环保节能的执行者,把好驾乘人员的操作技术及考核关,提高其节能环保意识和技能,是实现交通运输节能的重要环节。

一是要根据运输市场的不同阶段、不同营运班线、车型,科学合理地测算考核指标,奖惩分明,充分调动驾驶员节油积极性。

二是通过组织驾驶培训和开展驾驶技能比赛,提高驾驶员的节能意识和节油技能。通过培训使驾驶员能够熟悉车辆技术性能,不断提高节能技术。同时在企业里建立学习宣传交流平台,不断提高驾驶员的节能意识和操作水平。运输企业的实践证明,驾驶员经过车辆使用及性能培训后,同等情况下每百公里油耗可下降2%。节能知识竞赛和技术比武也是对驾乘人员实施培训的一种方式。适时开展节能竞赛能使运输企业强化节能环保的气氛,同时可使节油驾驶的先进经验得以普遍推广。

——资料来源:广东省汽车运输集团公司调研材料

(三)促进环境保护,建设生态文明

一是加强建设工程的生态环境保护。树立"最大限度地保护生态、最小限度地破坏生态、最大限度地恢复生态、不破坏是最好的保护"等交通建设新理念;公路选线、港口选址尽力避绕环境脆弱或敏感地区,减少对自然环境的不利影响;公路建设尽量利用原地形,合理控制边坡高度，避免深挖高填，采取有效的水土保持措施，减少取弃土场、施工营地、施工便道等对生态环境的影响；港航工程建设要避免或减少对水生动植物生存环境的改变、破坏及对海岸的非正常侵蚀，严格疏浚土的处置；加强对废弃渣土、物料等建筑垃圾的收集、运输、消纳和处理。大力推进交通基础设施建设的生态恢复，实现工程防护、景观塑造和环境保护的统一。

专栏13：川九公路示范工程中的环保措施

该项目采取的主要环保措施有：

(1)在招标过程中要求各施工单位必须与1家二级以上资质的环保单位密切配合，使环保工作贯穿施工全过程。

(2)在签订施工合同书的同时，单独签订《环保责任书》。

(3)项目办、监理部设专职环保工程师。

(4)项目办与设计单位密切配合，做到建设管理与设计工作互动。

(5)从施工方案上采取措施保护环境。

(6)工程绿化坚持“适地适树”原则。

(7)加强对施工现场的环保管理。

(8)及时清理施工及生活垃圾。

(9)加强对施工红线范围内林木的保护和对腐质土的回收利用。

(10)加强对弃土场的规范管理。

——资料来源：中国交通年鉴2004

二是大力减少车船污染排放。严格执行车船排放标准，控制和减少营运车辆、船舶的污染排放；强化对营运车船定期检查维修和监督检查，禁止超标排放；制定并实施船舶污染治理技术政策和治理规划，强制要求船舶安装污水处理设施和垃圾回收设施；对适用船舶的排污设备实施铅封管理，实现禁排，对非铅封船舶实行监督管理，实现限排；对船舶垃圾实施强制排岸接收处理，严禁船舶直接向江河湖海倾倒排放生活垃圾。

三是提高船舶溢油防控能力。加大重点水域污染防治力度，消除环境安全隐患，防止发生重大环境污染事件；严格执行油船建造检验规范，加快淘汰不符合要求的老旧油船，降低船舶溢油事故污染风险；建立跨部门的船舶与重点水域溢油监测与应急反应体系，制定和落实溢油应急计划和预案，提高溢油事故快速反应和处置能力；加快建立船舶油污保险和油污损害赔偿基金制度，为溢油污染处置提供资金保障。

四是提高港口防污染处置能力。港口、码头应按照规定配置足够的船舶废弃物接收设施，建设船舶油类、化学品、垃圾、生活污水回收、转运设施，配置船舶压舱水、洗舱水和生活污水接收处理设施，未纳入城市垃圾处理系统的港口应设置垃圾处理站；将港口和船舶污水、垃圾处理设施建设纳入城市污水、垃圾处理设施建设规划；港口要尽可能采用密封输送、抑尘、防尘等污染防治措施，有效降低有毒有害气体和粉尘的污染。

第三节　积极促进现代物流发展

一、现代物流业是发展现代交通运输业的重点内容

现代物流发展水平已成为衡量一个国家或地区综合实力的重要标志之一，通过强化物流管理，降低流通费用，提升国家竞争力已成为当今全球经济发展的一个重要内容。现代物流的概念在20世纪80年代引入我国。2001年国家经贸委《关于加快我国现代物流发展的若干意见》中对现代物流的定义为：现代物流泛指原材料、产成品从起点至终点及相关信息有效流动的全过程。

现代物流的产生和发展是经济发展到一定阶段、社会分工不断深化的产物，它将物流相关要素集成，形成有效的物流供应链，从而降低经济成本，提高经济效益。现代物流的基本特征主要包括专业化、系统化、信息化以及标准化。

专业化。现代物流是商品从供应地到接受地的流动过程，是供应物流、生产物流、销售物流、回收物流的结合，是一个完整的供应链，将过去商品经由制造、仓储、批发、运输到零售点的多层次的复杂途径，简化为由制造商经配送中心到零售点，促进了产销分工专业化，从而大大提高了社会的整体生产力和经济效益。

系统化。现代物流向生产和消费两头延伸并赋予了新的内涵，由原本仓储、运输的单一功能扩展为仓储、

运输、配送、包装、装卸、流通加工等多种功能，通过统筹协调、合理规划、资源整合，形成物流大系统，控制整个商品的流动，以达到利益最大或成本最小；同时满足用户需求不断变化的客观要求，为客户选择最合理的运输方式和费用、最短的运距、最少的仓储、最适宜的包装、最优质的服务，更加有效地服务于经济社会活动。

信息化。信息网络技术是现代物流的生命线，是实现物流现代化的根本保证。全球经济的一体化趋势，使商品与生产要素在全球范围内以空前的速度流动，电子数据交换技术与国际互联网的应用，使物流效率的提高更多地取决于信息管理技术，使产品流动更加容易和迅速，信息化已成为现代物流业发展的必由之路。

标准化。现代物流的全球化趋势要求在物流过程中实现标准化，在商品的包装、装卸搬运、流通加工、信息处理等过程中采用国际统一标准，以便参与到区域、全球物流大系统和物质经济循环中。

现代物流主要是实现货物的高效流动，而这恰恰是运输的基本功能。当前，世界上知名的大型跨国物流公司，比如美国的 UPS、英国的 EXEL、荷兰的 TPG、日本的佐川急便等，都是由传统的货运公司发展起来的。2008年北京奥运会的物流解决方案就是由 UPS 提供的。目前国内的大型物流公司，比如中远物流、中海物流，也基本上都是由运输企业成长起来的。因此，可以说现代物流实际上是对运输概念的一种延伸，是通过现代先进的信息技术对以运输为核心的各项物流功能进行整合，是传统运输方式的一次革命性突破，是交通运输发展的高级阶段，也是发展现代交通运输业的重点内容。

二、积极促进现代物流发展的重点任务

（一）改造和提升货运业，加快现代物流发展

一是鼓励运输企业按照市场机制整合资源，提高产业集中度，提升运输的专业化、社会化服务水平。以市场为基础，以资产为纽带，通过资产重组和公司制改造等方式，积极培育并引导组建一批跨区域、跨行业、具有较强竞争力的大型运输企业或集团。深化国有企业改革，按照政企分开、规模经济和"抓大放小"的原则，对国有大型、特大型汽车运输重点企业进行重组和公司制改造。引导中小运输企业向"专、精、特、新"方向发展，发挥其在满足多元化运输需求、扩大就业等方面的重要作用。

二是拓展道路货物运输新的发展领域和空间，将采购、制造、运输、仓储、代理、配送、包装加工、销售、信息处理等环节有机地串联在一起，拓展服务功能，创新增值服务领域，形成新的经济增长点。将彼此分割的采购、制造、运输、仓储、代理、配送、包装加工、销售、信息处理等环节有机地串联在一起，拓展服务功能，实现对工商企业供应链的优化，为其减少库存、加速资金周转和降低生产成本创造条件，确保运输企业有效货源充足、运输和仓储能力得到充分利用。

三是引导运输企业由单一的道路运输承运人向现代物流经营人转换,支持运输企业做大做强。积极发展第三方物流服务,降低交易成本,为工商企业等提供优质物流服务,使其减少库存、降低成本;鼓励企业通过建立现代企业制度,提高企业管理水平;鼓励企业加快联合和联营,向大型化、集约化方向发展;鼓励企业与国外大型物流企业合资和合作,利用自身的有利条件参与国际竞争;鼓励企业应用现代运输组织技术、交通运输工具和通信工具,提高技术和装备水平;鼓励企业不断增加高附加值的增值服务项目,提高综合服务能力,逐渐向现代物流企业转型。

四是拓展港口功能,在现有区港联动试点和保税港区的基础上,提升保税物流园区和保税港区服务功能。发展国际中转、国际配送、国际采购、国际转口贸易和出口加工等业务,积极支持临港工业发展,探索向自由港方向发展的新模式;加快航运中心建设,大力发展以港口为依托的现代物流业,发挥市场配置资源作用,整合各类港口后方的物流园区,形成以港口为中心的综合物流园区,延伸水运服务功能;大力发展现代海运服务业,提高海运服务贸易能力。

专栏14:传统运输企业向第三方物流企业发展案例

作为业内领先的专业第三方物流企业,五粮液安吉物流集团公司在数年的发展壮大过程中,成功实现了三次飞跃:

1996 年 4 月，从一个汽车队发展成为五粮液汽车运输公司，公司由一支服务于五粮液酒厂的货运车队第一次获得了独立的法人地位，成功实现第一次飞跃；2002 年 12 月，从五粮液汽车运输公司发展成为五粮液安吉物流公司，公司踏上了由传统道路运输企业向现代物流企业转变的征程；2005 年 8 月，公司组建成立宜宾安吉物流集团有限公司，公司按照组织结构扁平化的原则对原有机构进行调整，形成一支精干高效的队伍，增强了对市场的快速反应能力，成功完成第三次飞跃。

宜宾安吉物流集团有限公司从一个普通汽车队发展为业内闻名的第三方物流公司，它的三次成功飞跃给向第三方转型的国内企业物流提供了许多宝贵的经验。

（一）积极发展第三方物流服务，拓展货物运输新的发展领域和空间。宜宾安吉物流集团有限公司已从事道路货物运输 26 年，形成了汽车货物运输、汽车修理、长江航运、港口码头作业、汽车销售、商品混凝土、机械制造等综合物流体系。公司旗下的道路交通运输、集装箱码头装卸作业、长江航运、仓储、报关、报检、国际货代等不同类型的分公司发挥协同作用，为客户提供一站式、整体优化的物流服务，让客户充分体验高效、贴心的服务。

（二）引入国际化管理模式，提升服务水平。随着业务不断拓展，宜宾安吉物流集团有限公司面临的国内外竞争也不断加剧。为了占据市场先机，全面导入国际管理标准，加快融入经济全球化的步伐。

（三）不断提高企业信息化水平，增强管理与组织、协调的能力。一个企业的信息化水平往往决定着该企业的现代化水平。而对于运输型企业来说，精确掌握车辆位置、车行速度，实现对车辆的科学调度、全程跟踪，对加强管理，有效促进安全生产至关重要。目前安吉物流客户可通过公司信息系统在网络上直接派发订单，并能步步跟踪订单的处理过程，客户能够自动查询到自身在安吉物流集团有限公司中的业务统计情况，公司内各部门也充分达到信息共享，并能对公司派驻在全国各地的业务点进行远程财务和业务管理。

——资料来源：畅享网　第三方物流专栏

（二）加强统筹规划，完善物流网络布局

一是进一步做好港口、运输站场等物流结点的布局规划，货运站场选址要充分考虑物流组织的需要，注重与其他运输枢纽的衔接。建设大型物流枢纽，发展区域性物流中心，推动长三角、珠三角和环渤海等地区的现代物流业发展。

二是探索适应我国国情的物流发展模式，加强对中心城市、物资集散和口岸地区大型物流基地（园区）的统筹规划，配合东部地区产业向中西部地区转移的趋势，推动物流业梯度发展，形成布局合理的物流网络和配送体系、完善的仓储设施、先进的物流信息网络平台等，为现代物流发展提供物质基础条件。加快构建农村物流服务体系，满足建设社会主义新农村的需要。

（三）加强物流技术研发应用，重视物流标准规范制定

一是搭建公共物流综合信息平台，促进信息流、物资流、资金流的整合，实现货源、运力等信息的共享，使得物流运输企业以及运输、港口、海关、银行等各行各业协同工作，使物流能够真正畅通无阻地流动起来，提升运营组织管理水平，提高运输生产效率。

二是鼓励和引导交通企业加大技术创新投入，大力开展电子商务技术、射频识别技术（RFID）、卫星定位系统（GPS）、地理信息系统（GIS）、电子数据交换技术（EDI）、物流系统优化技术、物流智能终端技术等在交通行业中的研发和应用，加快建设及应用物流信息公用平台、物流在线服务平台、物流可视化跟踪平台，实现信息资源的连通和共享。

专栏15：现代物流技术的应用

现代物流伴随着信息时代的到来而产生和发展，可以说，信息技术是现代物流的基础和灵魂。以下介绍几种目前应用比较广泛的现代物流技术。

RFID技术：射频识别（RFID）是一种非接触式的自动识别技术，具有防水、防磁、耐高温、使用寿命长、读取距离大、标签信息可以加密、存储数据容量大、存储信息更改自如等优点，是一种市场和应用前景广阔的高新技术。

Rosetta Net标准：数据交换平台（i-Hub）通过RosettaNet Adapter技术和功能模块，可实现与其他RosettaNet应用系统

的通信，从而帮助中小企业降低物流成本，快速与采用同标准的供应链合作伙伴进行高效的电子商务，提高竞争能力。

现代物流优化调度与智能配送技术：现代物流运输调度可以为物流企业或企业管理人员提供决策支持，智能配送技术是一套基于GIS/GPS物流配送技术。主要实现货物到站管理、最佳装载、最佳运输路径、车辆最优调度等。这些技术极大地提高了运输服务水平和工作效率，降低了运输成本。

物流信息平台技术：现代物流信息已成为提高营运效率、降低成本、提升客户服务质量的核心因素。在信息平台上，信息流的处理和利用水平决定整个物流过程的运作水平。信息平台建设，一方面是发展现代物流的核心和关键，另一方面，通过建设信息平台又极大地推动着现代物流的发展。

三是发展新型运输服务方式，提升物流装备技术水平。鼓励运输服务方式的创新，解决由于运输方式落后和各种运输方式衔接不畅带来的货物在运输过程中的多次装卸、搬运等问题。推广应用厢式货车、大型拖车及集装箱、散粮车辆，开发使用专用车辆；推行以托盘化为核心的单元装卸方式，引进单元装卸化物流机械，实施现代物流技术示范工程，推动关键技术和产品的产业化。鼓励企业采用仓储运输、装卸搬运、分拣包装、条码印刷等专用物流技术装备，提升中国物流装备技术水平。

四是加快现代物流标准体系建设，做好物流术语、物流与服务电子编码、数据交换、物流信息平台系列标准、物流作业和服务标准等方面的基础性标准的制订、修订工作，注重与各种相关技术标准协调一致，并逐步与国际标准接轨。

专栏16：中国物流标准化现状

鉴于物流标准化的重要性和迫切性，尽管中国在物流标准化上起步较晚，但是物流标准化工作仍然取得了一定的成就，无论从组织管理、标准制定，还是企业的推广应用上都得到了一定的发展。

一、物流组织体系标准化

中国已经建立了一套全国性的标准化研究管理机构体系，而这中间有许多机构和组织从事着与物流有关的标准化工作。近两年分别成立了中国物品编码中心、全国物流信息技术委员会和全国物流标准化技术委员会，具体负责制定现代物流标准体系。此外，国家质量监督检验检疫总局成立全国供应链过程管理与控制标准化技术委员会，并制定了《全国供应链过程管理和控制标准化技术委员会章程》。

二、物流概念标准化

物流概念标准化是实施物流标准化非常重要的一环，国家质检总局于2001年4月17日正式颁布了《物流术语》(GB/T 18354—2001)，并于同年8月1日正式实施，此举对提高国民对现代物流的认识，对中国传统流通理念和方式的变革，以及推动中国现代物流产业的发展产生了积极而深远的影响。还有如《中国物流标准化体系规范》、《商品条码》、《储运条码》、《物流单元格条码》等一些重要的国家标准已颁布实施。这些标准的实施对于规范中国物流业发展中的基本概念、促进物流业迅速发展并与国际接轨起到了重要作用。

三、物流信息标准化

全国物流信息管理标准化技术委员会在2004年编制完成了《物流信息标准体系表》，确立了物流信息方面的国家标准体系，给出了物流信息国家标准体系框架、国家标准明细表及国家标准体系表说明。该标准体系表从需求角度出发，第一层为物流信息基础标准，是物流信息系统建设中的通用标准。第二层分为技术标准、管理标准、服务标准和其他，物流信息技术标准在第三层。第四层是第三层细化扩展，分为若干个方面，细化到每个专业的标准系列或是具体标准。

四、物流标准化研究和标准制定

国家标准化管理委员会、科技部及交通部等有关部委都对与现代物流技术相匹配的标准化工作十分重视，投入了大量财力、人力进行有关标准规范的研究与制定工作。

科技部支持的物流标准化项目“物流配送系统标准体系及关键标准”和“中国电子商务与现代物流标准体系及关键标准的研究与制定”取得了丰硕的成果。制定了中国的物流标准体系框架、电子商务标准体系框架及发展现代物流的关键标准。中国物品编码中心等单位通过科技部项目制定了《国家物流标准体系表》、《物流标准化总体规范》。鉴于信息技术在物流现代化中的关键作用，2003年，物流信息标准化也有了很大的进展，制定了《物流条码技术应用规范》等。

五、企业积极参与物流标准化

近年来,企业参与物流标准化的积极性比以前显著提高。首先企业积极参与标准的制定。如中储物流在线有限公司已经制定了《数码仓库应用系统规范》、《物资银行》、《物流仓储业务服务规范》等标准。此外,企业在物流管理过程中积极采用物流标准,提高物流效率。如鉴于条码技术在物流管理过程的作用,国内企业在物流管理过程中积极推广条码技术的应用。

——资料来源:中国标准化月刊"中国物流标准化现状、问题及对策研究"

五是重视物流人才培养,充分发挥中国人力资源丰富的优势,鼓励采取多种方式加强培养高级物流技术研发与管理人才,特别要培养熟悉供应链管理的咨询专家和技术专家,为现代物流提供智力支持。

第四节　有效提升客运服务品质

一、提升客运服务品质是发展现代交通运输业的关键所在

科学发展观的核心是以人为本。科学发展观中的人,不是西方人道主义所说的抽象的人,而是最广大的人民群众。坚持以人为本,是对马克思主义关于人的全面发展理论的继承、丰富和发展,是真正将最广大人民群众的根本利益放在第一位,以实现人的全面发展为目

标，不断满足人民群众日益增长的物质文化需要，切实保障人民群众的经济、政治和文化权益，让发展的成果惠及全体人民。

马克思在《资本论》中对交通运输的作用做过经典的论述：商品在空间上的流通，即实际的移动，就是商品的运输，这种位置的变化就是向乘客和货主提供的“服务”。服务是交通运输的本质属性。交通运输业作为服务业的有机组成部分，旅客运输与广大人民群众出行密切相关，是提高人民生活水平的重要方面。发展现代交通运输业在客运中的具体体现，就是要把服务人民群众安全便捷出行作为交通运输工作的根本要求，坚持以人为本，把安全放在交通运输工作的突出位置，严格落实安全生产责任制，保障运输安全，让人民群众出行放心；就是要不断增加交通有效供给能力，建立起一个管理规范、安全便捷、服务优良、兼顾公平和个性化需求的客运服务体系，不断满足人民群众日益增长的安全、快捷、舒适、方便乃至个性化的交通需求，特别要注重公共服务、普遍服务，维护社会公平，促进社会和谐，让人民群众出行满意，做到交通发展为了人民、交通发展依靠人民、交通发展成果由人民共享。

二、有效提升客运服务品质的重点任务

（一）发展优质的公共客运，提供安全便捷的出行服务

一是构建由快速客运、干线客运、农村客运和旅游

客运等组成的多层次客运网络体系，加强道路客运与其他运输方式的紧密衔接。以高速公路和国省干线公路为依托，大力发展城际直达班车客运，探索建立全国道路客运联网售票机制，建立健全省际、城际客运网络，服务人民群众安全、便捷出行。

二是合理规划交通运输发展模式，提供安全好、效率高、质量优、成本低、污染小的公共客运服务，引导交通消费，鼓励出行者使用公共交通服务。加快发展轨道交通等公共交通，提高综合交通运输系统效率；在大城市建立以道路交通为主，轨道交通为辅，私人机动交通为补充，合理发展自行车交通的城市交通模式；中小城市主要以道路公共交通和私人交通为主要发展方向。

（二）发展农村客运，促进服务均等化

一是加强中央与地方之间、部门之间的沟通协调，创新城乡客运管理体制。打破城乡客运管理体制分割，实行城市客运和城乡客运统一领导、统一规划、统一建设、统一管理；研究制定进一步支持农村客运的相关扶持政策，推动建立城乡统一的客运市场。

专栏17：成都市推进城乡运输一体化

四川省成都市从2003年起开展了“统筹城乡经济社会发展，推进城乡一体化”工作，通过政府创新制度环境，市场活化经济资源，达到城乡统筹和谐发展。成都市交通部门紧紧围绕中心工作部署，在推进城乡运输一体化方面进行了有益的实践和探索，通过整合客运资源，发展以高速公路、快速干道、城市道路、农村道路为载体的快速客运、公交客运、农村客运等多种运输方式，与城市出租、地铁、轻轨等运输方式衔接，形成了布局科学、分工合理的全市道路客运网络，为广大群众提供了安全、舒适、方便、快捷、低成本的客运服务。

二是统筹规划农村公路、客运站点和城乡客运线路布局，加快乡镇客运站点建设。农村客运基础设施建设要推行“路、站、运”一体化发展，做到同步规划、同步实施、同步验收、同步使用；农村客运站的社会公益性突出，应该以政府投资为主；继续以定额补贴形式鼓励地方投资建设三级及以下乡镇客运站和招呼站。

三是合理规划农村客运网络，扩大农村客运服务覆盖面。简化农村客运班线的行政许可程序，鼓励各地因地制宜地制定出台税费减免政策，减轻经营者的负担；研究探索普遍服务基金等方式鼓励各类运输企业和个体经营户发展农村客运线路；根据农民出行特点，采取片区运营、循环运营等多种方式，方便农民群众乘车；探索农村客运线路公交化运营模式改革，提高乡镇客运班车的通达率和覆盖率，实现城乡各阶层共享运输发展成果。

（三）拓宽客运服务领域，满足多样化运输服务需求

鼓励客运企业向社会提供高品质服务，合理引导个性化、多层次的运输消费。鼓励发展水上旅游客运、包

车客运、客车租赁等新兴服务形式，推行连锁经营等现代经营方式；以提高乘坐舒适性、运行可靠性和出行安全性为目标，调整客运车型结构，提高运输车辆等级，在数量和质量上逐步满足不同层次的公众出行需求；适应小汽车进入家庭和群众多层次、多样化的出行需求，发展智能交通，拓展运输服务功能，显著提高交通综合服务能力，为出行者提供高品质运输服务；进一步完善运输服务设施，规范和促进汽车维修业发展，加快建立全国机动车维修救援网络，为人民群众安全、便捷出行提供更加人性化、多元化的服务。

专栏 18：日本智能交通系统的发展

日本是一个地少人多的国家，每天有 7 千万辆汽车在道路上行驶，解决交通堵塞如果靠增加建设新的道路网，对于日本来说已十分困难，而通过发展智能交通系统（ITS），对现有道路资源进行有效运用，则是比较可靠的解决之道。

日本智能交通系统（ITS）发展经历了三个阶段。

第一阶段：1973 年，日本通产省提出了"综合汽车交通控制系统"，研制出一套道路导航系统并进行了试验。

第二阶段：20 世纪 80 年代，日本建设省实施了"道路—汽车通信系统"，警察厅实施了"先进机动车交通信息和通信系统"。后经过改进，被合并为"车辆信息和通信系统"。从 20 世纪 80 年代末期到 20 世纪 90 年代，日本建设省建立了"先进道路运输系统"，在该项目的建设中形成了以道路车辆一体化来改善道路交通的概念。与之伴随的其他项目包括：超级智能车辆系统、先进安全车辆系统、通用交通管理系统等，至1995年，安装导航系统的汽车总量已经超过了100万辆。

第三阶段：1995年2月，由日本首相直接领导的"具有先进通信与信息的社会筹划组"提出了"促进先进通信与信息社会的基本指导方案"。1995年8月，五个政府部门联合提出"在道路、交通、车辆领域实现先进通信与信息技术的政府指导方针"，并开始共同进行ITS的研究与实际应用。从此进入ITS发展的第三个阶段。

第五节　全面提高公共服务能力

一、提高公共服务能力是发展现代交通运输业的坚实基础

改革开放是发展中国特色社会主义的强大动力，加快行政管理体制改革，建设服务型政府，是深化改革的重要环节。党的十六大报告第一次把政府职能归结为四个方面：经济调节、市场监管、社会管理和公共服务；提出要"进一步转变政府职能，改进管理方式，推行电子政务，提高行政效率，降低行政成本，形成行为规范、运转协调、公正透明、廉洁高效的行政管理体制。"党的十七大报告明确提出加快行政管理体制改革，建设服务型政府，强调要以"公共服务"作为政府职责体系整合的核

心内容,这是重视政府服务职能回归的体现,也是行政管理体制改革整体推进必须遵循的价值要求。十七届二中全会对深化行政管理体制改革、建设服务型政府提出了明确要求。温家宝总理在2008年政府工作报告中也强调指出“健全政府职责体系,全面正确地履行政府职能,努力建设服务型政府”。这是党和国家在新的历史条件下,从实现全面建设小康社会奋斗目标、更好地推进中国特色社会主义的战略高度出发提出的重大任务,对于转变政府职能、加强政府自身建设、推动科学发展、促进社会和谐意义重大,为政府交通运输部门强化公共管理、完善公共服务、建设服务型政府明确了方向。

学术界关于服务型政府的研究著述很多,在服务型政府的内涵界定上也呈现出百花齐放、百家争鸣的局面。比较典型的观点有:著名经济学家吴敬琏指出,建设“服务型”政府,就是要把“全能大政府”体制颠倒了的政府和人民之间的主仆关系校正过来,建设一个公开、透明、可问责的服务型政府。重要的在于建设对基本人权和对政府权力约束都有明确设定的宪政秩序。国家行政学院刘熙瑞教授提出,公共服务型政府就是在公民本位、社会本位理念指导下,在整个公民民主秩序的框架下,通过法定程序、按照公民意志组建起来的以为公民服务为宗旨并承担着服务责任的政府。北师大经济与资源管理研究所所长李晓西教授认为,公共服务

型政府简单地说就是提供公共产品为人民服务的政府。在这里，要明确公共产品到底该给谁服务的问题。西南民族大学法学院院长吴玉宗教授认为，所谓服务型政府就是指政府遵从民意的要求，在政府工作目的、工作内容、工作程序和工作方法上用公开的方式给公民、社会组织和社会提供方便、周到和有效的帮助，为民兴利、促进社会稳定发展。中国社科院工业经济研究所副研究员余晖认为，服务型政府在经济学上有一个明确的定义，用通俗的语言说，公共服务型的政府就是提供私人或者社会不愿意提供，或者没有能力提供的公共产品的组织，等等。

通过对相关理论研究核心观点的总结，我们认为"服务型政府"不是一个单独的概念，而是包含一组概念的复合概念，是一套系统的、完整的政府管理体系和运行机制，概括地说，所谓服务型政府，是在全心全意为人民服务理念的指导下，适应中国经济社会发展的新形势新要求，按照人民意志组建起来，以为人民服务为宗旨，能够公正、透明、高效地为全社会提供优质公共产品和服务的政府。

服务型政府的主要特征包括：民主法治、有限开放、运转协调、高效廉洁。

民主法治。民主是服务型政府的前提，法治是现代行政的基本手段、发展趋向和根本标志。民主政府，是一个人民民主和对人民负责的政府。人民是国家政治权力的根源，政府受人民委托行使权力。公民通过正常程序和渠道参与国家治理，表达自己的愿望。法治的实质是秩序，政府既是秩序的建立者，更必须是秩序的遵守者。政府机关应该依法行政，一切政府行为都应纳入法制化轨道，建立相应的权力监督体系，严格执行行政执法责任制和行政过错责任追究制等，做到有权必有责、用权受监督、侵权要赔偿。在制度建设上，合理规划权力、利益与责任的关系，以责任制约权力，强化政府在公众心目中的公信力。

有限开放。现代政府是一个权力有限的政府，其权力的最大边界是以不损害公民合法权益为基本限度。政府不是"划桨者"，而是"掌舵者"，它的主要职能在于弥补"市场失灵"。另一方面，透明是现代政府的形象，也是服务型政府必须选择的行为方式。服务型政府必须是"阳光政府"，要根据公众的需要提供政务信息，落实公民的政治知情权。政府的各项政策措施，特别是与人民群众利益密切相关的行政事项，除涉及国家机密、经济安全和社会稳定的以外，都应向社会公开，给人民群众以更多的知情权和监督权，制定相关政策和制度来保障人民参与政府决策，有效监督政府行为。因此，树立开放这个行政理念是对服务型政府的基本要求。

运转协调。在服务型政府体系中，中央政府与地方政府、上级政府与下级政府、政府与所属部门之间政令畅通，政府各部门之间协调一致，整个行政体系目标统

一、运转有序。这要求政府职能界定科学清晰，机构设置合理精干，分工明确，职权责统一。建立一套理性、精干、高效的政府行政机构，是现代文明社会发展的重要标志。合理分权，是完善政府治理、优化政府结构的一个重要内容，是建立服务型政府的重要手段。

高效廉洁。服务型政府必须高效行政、廉洁从政。高效行政，就是政府运转顺畅，办事效率高，行政成本低，管理效益好。这是判断一个公共管理体制是否优良的基本标准，是判断政府是否有能力承担公共服务职能的主要标准，也是建设服务型政府的关键和中心环节。廉洁从政，是对服务型政府最基本要求，政府及其工作人员必须加强廉政建设，杜绝腐败现象，做到用权为公、执政为民，决不能以权谋私、化公为私。

交通运输行政部门要成为负责任的政府部门，在推进现代交通运输业发展的进程中，各级交通行政机关是关键。在新的形势下，建设服务型政府交通运输部门既是落实加快行政管理体制改革、建设服务型政府的必然要求，也是做好“三个服务”、推进现代交通运输业发展的坚实基础。

二、全面提高公共服务能力的重点任务

当前和今后一个时期，建设服务型政府交通运输部门，要认真贯彻党的十七大和十七届二中全精神，深入贯彻落实科学发展观，按照建设服务型政府的总体要求，以转变政府职能为核心，强化公共服务和行业管理职

能，健全完善惠及全民的交通公共服务体系，促进行业管理由主要以管理主体为重心向以服务对象为中心转变，着力解决好事关人民群众最关心、最直接、最现实的利益的交通问题，努力为人民群众提供方便、快捷、优质、高效的交通公共产品和服务，更好地服务于国民经济和社会发展全局，服务于社会主义新农村建设，服务于人民群众安全便捷出行。

（一）转变政府职能，强化公共服务

一是完善行业监管。不断健全交通运输市场经济体制，加强和完善行业监管，有效发挥政府调控与市场机制的双重作用。要加快政府职能转变步伐，按照公益性服务由政府提供、经营性服务由市场提供的原则，有效行使政府职能，在应由市场调节的领域充分发挥市场机制对资源配置的基础性作用，并引导行业中介组织参与交通运输市场的管理和监督。

同时，进一步完善市场监管体系，有效运用经济、法律手段以及必要的行政手段，通过制定产业政策、规划计划、法律法规，运用经济杠杆和价格政策等，实现宏观调控，规范市场秩序，为经济主体创造公平竞争的市场环境。按照“市场分类、企业分级、类级相符、动态管理”的原则，对交通建设与运输服务市场进行监管；进一步完善市场准入与退出机制，强化经营者依法经营、诚实守信的意识与自律行为；加大对违法、违规经营行为的监督和执法力度，充分发挥社会和公众的作用，形成

公众监督、行业自律、政府稽查的市场监督体系。

二是强化公共服务。按照以人为本、亲民便民的现代行政理念，改革和完善政府交通部门行政方式与工作方法。在自身建设上，一方面，强化思想教育，改善工作作风，激发机关工作人员的事业心和责任心，倡导为民服务的道德风尚，强化服务意识、增强服务效能、提高服务水平，促进交通行政从管理型向服务型转变；另一方面，提高行政效能，推进依法行政，简化办事程序，规范行政权力运行，减少和规范行政审批，提高政府工作效率和公共服务水平。

在政策倾向上，首先，要体现经济性原则，加强路、港、站等公共基础设施建设，为社会公众提供优质便捷、成本低廉、经久耐用的交通公共产品，提升交通运输服务的整体功能；其次，要体现安全性原则，继续实施公路安保工程，加大危桥维修改造力度，整治内河和沿海港口公用航道，改造乡镇渡口，推行船舶标准化，加强海上搜救力量建设，不断提高交通运输公共产品和公共服务的安全性；再次，要体现均等性原则，完善扶持经济欠发达地区和广大农村公共交通发展的政策措施，改善经济欠发达地区和农村公共交通服务，推进农村客运网络化和线路公交化改造，加快推进城乡一体化进程，促进交通运输服务均等化。

三是提高科学决策水平。立足长远，放眼未来，不断提高决策的科学性和长远性，推动交通运输科学发展。

建立健全重大交通决策的专家咨询、社会公示、听证和信息公开等制度，推进科学化、民主化建设，健全重大问题的专家咨询、社会公示、听证和新闻发布制度，提高决策的透明度和公众的参与度，增强科学决策、民主决策、依法决策的能力与水平；充分发挥规划、政策等在转变交通发展方式、推进现代交通运输业发展中的导向作用；进一步完善交通运输发展战略规划体系，更加关注资源节约、环境保护、安全保障等方面要求，强化交通运输节能减排、环境保护等专项规划与相关政策，加强相关规划的衔接和协调，提高科学决策能力。

（二）整合管理资源，完善体制机制

一是整合行政机构，提高行政效率。按照国务院“三定”方案及行业管理职能划分，重新调整行政机构设置和职能划分，根据“精简、统一、效能”的原则，归并职能相同或相近的机构，进一步明确界定交通运输管理机构的职能。

二是整合执法资源，提高执法效能。结合各地实际，逐步推进交通行政综合执法，在进一步修改相关法律的基础上，研究探索建立与社会主义市场经济体制和交通又好又快发展相适应的交通综合执法体制；组建各级综合执法机构，行使交通运输的检查处罚权，独立承担执法的后果和责任，真正实现综合执法队伍统一执行相应职权的目标；同时，规范执法程序，按照方便行政相对人的原则，简化程序，规范操作，并赋予行政相对人以

知情权。

三是整合各类运输资源，促进综合运输体系发展。完善不同运输方式之间的协调配合，最大限度地提高现有运输资源的效率，实现交通运输基础设施的统一规划、统一布局，促进交通运输网络向结构合理、布局协调的方向发展，加强各种运输方式间的有效衔接，实现主要运输通道、运输枢纽、信息资源等的整合，建设便捷、通畅、高效、安全的现代综合运输体系，提高运输系统的整体效率，为国民经济发展和社会大众提供优质高效的运输服务。

（三）强化政策创新，健全政策体系

强化政策创新，是政府交通运输部门能力建设的重要着眼点之一，也是促进交通运输科学发展的重要环节。新时期新阶段，应立足于交通运输发展的战略全局，顺应国家行政管理体制改革和政策科学演进的趋势，以科学的态度和战略的眼光进一步推进政策创新。

长期以来，大多数发达国家和发展中国家和地区在制定或调整经济政策时都把产业政策作为其中一项重要的内容。日本、韩国等国家和地区，运用产业政策历史更为悠久，产业政策在这些国家的作用方式和内容也不断变化。即使如美国这类所谓没有“产业政策”（这一概念）的国家，仍然采用了很多产业政策的手段。中国产业政策已经得到了广泛的应用。要抓紧研究制定新

时期促进现代交通运输业发展的产业政策,完善收费公路、标准规范等政策规章,建立和完善交通行业服务标准体系。

要按照保证“四个重点”、坚持“两个倾斜”的总体要求调整交通投资结构,保证“四个重点”:一是纳入国家规划的重点交通项目建设;二是农村公路建设;三是安全保障工程建设;四是科技创新项目。坚持“两个倾斜”:一是向中西部地区特别是西部地区倾斜;二是向公益性强的项目倾斜。加大对资源节约、环境保护、安全保障、科技创新等公益性领域的资金投入,为节约集约利用资源、节能减排、发展循环经济以及开展相关示范工程等提供资金支持。通过政策创新,形成更加科学、更加完备、更加有效的政策体系,为交通运输业又好又快发展提供良好的政策环境。

(四)推行政务公开,完善信息服务

一是加快发展交通电子政务。发展电子政务,积极推进交通政务公开,加强政府门户网站建设;加快交通系统人事考评、信息统计、项目管理等方面无纸化操作进程;加快建立统一的交通服务热线,提高社会各界对交通发展的知情度和参与度;完善交通统计体系和统计制度,提高交通运输行政管理效能,在服务中实施管理,在管理中体现服务。

二是建立公共交通信息服务平台。创新政府公共管理机制,充分利用和整合交通信息资源,完善公路水路交通管理信息系统、公众出行信息服务系统等，健全交通运输公共服务体系，建立交通信息共享平台，提高交通公共服务信息的有效性和针对性，提供及时、准确、全方位的惠民便民公众信息服务和产业信息服务。

（五）强化安全监管，完善应急机制

一是提高水上安全监管、救助打捞、船舶检验及应急抢险能力。加大对海事、救捞系统等投入，加快建设系列巡逻船、大功率救助船和近海快速救助船，增加大型、中型和轻型直升飞机配置；结合石油运输和船舶流量，增加船舶溢油控制应急设备库，配备溢油应急船舶；加快船舶流量大、通航环境复杂水域 VTS 配置，建设连续覆盖近岸水域的 AIS 和 VHF 安全通信系统；完善水上搜救、安全监管体制，强化安全生产和安全监管机制，加强危险品运输和旅客运输安全等重点工作，提高安全监管能力；根据《国家应急体系建设总体规划》和《国家应急平台建设工作指导意见》的要求，加快水路应急体系建设，不断提高水路突发事件的应急处置和快速反应能力；建设权责明确的应急管理工作体系，健全应急预案，完善应急机制，建立快速高效的应急反应和安全防控体系，提高事故预防、人命救助和事故处理能力；加强人员培训和应急演练，切实提高重、特大事故的救援救助和处置能力，积极建立水上安全管理的长效机制。

二是提高公路交通安全保障能力。继续组织实施

公路交通安全保障工程、危桥改造工程、干线公路灾害防治工程，拓展公路安全保障工程范围，在有条件的地方向县乡公路延伸；高度重视桥梁质量和安全性，加强监测监控桥梁隧道等运行状况，建立和推行桥梁定期检测制度，切实做到防患于未然。

三是加强道路运输安全监管。加强道路客运和危险货物运输安全管理，强化运输企业安全生产的主体责任；督促企业加强对车辆、驾驶员的管理，确保运输安全；研究建立道路客运和危险品运输企业安全生产评价制度；积极推广承运人责任险招投标制度，增强企业抵抗风险能力；鼓励运输企业采用现代科技手段，在危险品运输车辆和大中型营运客车上安装 GPS 终端；积极推进危险货物专业化运输，规范危险货物运输车辆标志，推行道路危险货物运输安全卡制度；强化汽车客运站安全源头管理；继续加强车辆超限超载治理，按照"依法严管、标本兼治、立足源头、长效治理"的总体要求，将治超工作纳入道路交通安全管理的日常工作内容，继续坚持全国统一领导、地方政府负责、部门指导协调、各方联合行动的工作机制，进一步加强和深化全国治超工作，并在治理中不断完善、在不断完善中深化治理，确保治超工作长期有效和持续稳定地开展。

四是加强交通运输安全生产。针对交通运输安全工作存在的突出问题和薄弱环节，强化安全生产管理工作，狠抓责任制的落实，不断完善和健全体制、机制、法制和制度；进一步健全交通运输安全齐抓共管、有效协调的机制，坚持安全生产工作格局，落实交通建设项目施工安全生产责任制，严格执行工程项目和设备监理制度，增加施工安全生产投入，加大监管力度，做好道路、桥梁等安全隐患的排查治理工作，消除安全隐患，最大限度地减少危机事件的发生率，将可以避免的危机事件消除在萌芽状态。

五是完善应急机制，提高应急保障能力。完善交通突发公共事件应急预案和应急体系，加快交通应急平台建设，加大在人员、设备、技术等方面的投入，建立快速高效的应急反应体系，提高应对突发公共事件的能力；根据处置突发事件的经验和不足，不断完善相关预案，不断提高预案的科学性、周密性和可操作性，逐步做到事前能预控，事中能掌控，事后能妥处，最大限度地消减危害和影响；完善重点物资运输机制，保障特殊情况与紧急状态下农副产品、人民生活必需品、重点物资、抢险救灾物资、军需物资等的运输，维护经济安全和国防安全。

（六）加强队伍建设，提高行政能力

加强公务员队伍建设，坚持执政为民，引导广大公务员树立管理就是服务的理念，增强为交通运输事业发展服务、为交通企业服务、为社会大众服务的意识，把自己的角色定位在代表人民利益来监管市场经济和维护社会秩序的公仆的位置上，切实转变和彻底消除居高临

下的“官本位”和特权意识；把服务水平和服务效率的绩效进行量化，纳入考核的目标体系，通过考核，引导交通运输系统公务员树立科学的政绩观，调动公务员工作积极性，践行全心全意为人民服务的宗旨。

第六节　强化交通科技创新能力

一、强化交通科技创新能力是发展现代交通运输业的内在动力

科学技术是第一生产力，它对世界发展和人类文明进步有着巨大的贡献和深刻的影响，给人类的生产生活方式和思想观念带来革命性变化。同样，科技进步与创新也是发展现代交通运输业的内在动力。

科技创新是开启交通运输发展新纪元的钥匙，是开拓交通运输生产力发展新局面的第一动力。纵观世界交通运输发展史，人类每一次在交通运输科技上的突破性进展，就预示着一个新的交通时代的到来。

——19 世纪，蒸汽机的发明解决了现代机器的动力源问题，直接导致了现代轮船、火车的发明，带来了交通运输的革命性进步，人类自此进入远洋运输和铁路大发展时期。

——20 世纪，内燃机的发明推动了汽车的诞生，使人类进入了汽车时代。集装箱技术的诞生则引起了全球运输组织方式的革命，使得运输效率得以成倍增加。

——展望21世纪，现代科学技术特别是信息技术、生物技术、能源技术、纳米技术和空间技术等高新技术突飞猛进，通信信息技术、网络技术的应用将进一步引领人类进入智能交通与现代物流的新时代。

美国综合运输系统2050年发展构想中提出："信息革命对于交通运输，将最终同汽车与喷气式发动机的发明一样重要。它为开发国家综合运输系统提供了史无前例的机遇，革命的效果将随着我们步入经济时代而更加明显。"

专栏19：公路水路交通行业全要素生产率分析

改革开放以来，中国交通全行业TFP（全要素生产率）持续增长，并且在20世纪90年代时表现出一个跃升。2000年以后，公路和水路TFP年平均增长率分别达到10.6%和9.3%，大大超过交通全行业平均水平（见下表）。中国交通TFP增长主要依靠技术进步。

分阶段年平均TFP增长（1978—2005年）

年份	铁路	公路	水路	民航	全行业	全国
1978—2005	1.018	1.022	1.024	1.022	1.021	—
1978—1990	1.038	1.019	1.015	0.947	1.004	1.049 4①
1990—2000	1.001	1.012	1.013	1.112	1.034	1.018 5②
2000—2005	0.985	1.106	1.093	0.963	1.035	—
1990—2005	1.005	1.046	1.034	1.074	1.039	—

注：来源于交科院、清华大学《交通与发展》研究报告。①为1979—1990年数据，②为1991—2001年数据。

交通全行业及各部门规模效益的发挥程度较低，但整体上在不断进步。1990年以前交通全行业规模效率为0.931，

1990—2000 年上升至 0.987，2000 年以后进一步上升到 1.010。不断提高的主要原因是民航的规模效率上升十分明显，从 1990 年以前的 0.775 上升到 2000 年以后的 1.189，提高了 40 多个百分点。

分阶段年平均规模效率(1978—2005 年)

年份	铁路	公路	水路	民航	全行业
1978—2005	0.992	0.979	0.993	0.913	0.969
1978—1990	0.999	0.970	1.001	0.775	0.931
1990—2000	1.000	0.988	1.003	0.955	0.987
2000—2005	0.947	0.973	0.949	1.189	1.010
1990—2005	0.989	0.986	0.988	0.986	0.987

——资料来源：交科院、清华大学《交通与发展》研究报告。

正是科学技术在交通运输领域的广泛应用，才催生了现代交通运输业的形成。推进现代交通运输业发展，需要充分发挥科技创新的支撑和引领作用，特别是要充分利用现代信息技术和现代管理技术。比如，发展现代物流的关键是应用现代信息技术，实现信息流的整合，利用现代管理技术，实行供应链管理，实现生产经营流程的再造，提高运营效率。上海港的罗泾二期散货码头，就是一个物流与生产紧密结合的典型案例，通过公共码头和大型钢铁企业（浦钢）之间的工业物流配送，实现了物流链和生产链的无缝衔接，有效提高了运输效率和生产效率。罗泾二期充分体现了现代物流业的效能，发挥了第三方物流的价值，也让码头运营商和工矿企业实现了双赢。

因此，充分发挥科技的引领作用，对于加快发展现代交通运输业，进一步调整交通结构、转变发展方式、注重推进创新和强化行业管理，具有重要意义。在实际工作中，必须把科技创新贯穿于交通运输工作的各个方面，大力推进现代交通运输业发展。

二、强化交通科技创新能力的重点任务

党的十七大报告强调指出："提高自主创新能力，建设创新型国家。这是国家发展战略的核心，是提高综合国力的关键。"科学技术既可以提升改造交通传统产业，还可以引领催生新的运输服务业态。交通行业要按照建设创新型国家的战略部署，深入实施"科教兴交"战略，按照"以人为本、需求引导、综合集成、强化创新、重点突破"的基本方针，大力推进交通科技创新，建立以市场为导向、企业为主体、产学研相结合的交通科技创新体系，努力突破一批行业共性关键技术，强化科技成果的转化和应用，全面提升交通发展的科技含量，进一步强化科技创新的引领作用，为发展现代交通运输业提供强有力的支撑。

（一）加强交通科技创新能力建设

交通科技创新体系是由政府交通部门、企业、科研机构、高等院校、科技中介组织共同组成、高效互动的有机整体。加强交通科技创新体系建设，要发挥政府交通

运输部门的主导作用，把握交通科技发展的方向，营造科技创新的良好环境，组织重大科技活动，实现技术的重点突破，引导社会科技资源的有效配置；发挥企业在行业技术创新中的主体作用，交通企业是交通科技创新的主体，充分调动和发挥企业在市场优化配置资源中的主动性、创造性，保证交通科技创新的活力；发挥科研机构、高等院校的主力军作用，交通科研机构、高等院校是应用基础性研究、公益性研究、行业共性技术和重大工程技术研发的主力，要成为交通科技创新的重要研究基地；发挥科技中介机构的桥梁和纽带作用，着力培育交通科技中介机构，发挥科技中介机构推动知识传播和技术应用中的桥梁与纽带作用。深化科技体制改革，营造科技人才发展的良好环境，充分吸纳社会科技资源，更新科技发展理念，逐步形成一个适应交通现代化要求、政府主导与市场机制相结合、创新能力强、创新效率高、符合交通科技自身发展规律的创新体系。

专栏20：发挥企业在技术创新中的主体作用

企业是技术创新的主体。比如，上海振华港口机械股份有限公司1992年创办时只有十几人，依靠自主创新，坚持面向市场的研究导向和应用导向，使自己的技术创新、知识产出较快地取得突破性进展，从而使企业迅速发展壮大，目前已成为职工近2.5万人的国有控股上市大型企业，拥有世界同行中最强大的一支设计队伍。振华港机每年投入1.5亿元研发新产品，产品销售已经连续6年占据全球市场份额的50%。自主创新让振华港机实现了飞跃。目前，振华港机已经拥有20多项世界领先的科技成果，他们抓住信息化的机遇，自主设计开发出世界首创的双40英尺集装箱起重机。由振华港机自主完成的“新一代港口集装箱起重机关键技术研发与应用”项目获得了2005年度国家科技进步一等奖，依靠这项技术生产的最新产品1小时可吊104个标准箱，可将集装箱装卸生产率提高50%以上，达到了世界一流水准。

加强重点实验室建设，鼓励大型企业建立技术研发中心，引导建立专业特色明显的行业研发中心。加强交通科技信息资源共享平台建设，促进交通科技信息资源集成共享，提供数字化、智能化交通公共科技信息服务。加强科技人才队伍建设，加大对高水平研发人才、高技能人才和高层次管理人才的引进和培养，培育数量充足、结构合理、素质优良、勇于创新的科技人才队伍，形成比较完整的科研梯队。

（二）大力推进行业重大关键技术研发

贯彻增强自主创新能力的战略思想，充分研究和把握未来交通发展对科技创新的战略需求，强化创新，重点突破。要集中力量支持对行业或区域交通发展具有基础性、全局性、牵动性的重大科技项目，着力解决交通发展的重大科技问题。力争在一些交通重大技术领域，特别是在特殊条件下的交通建设重大技术、解决资源环境瓶颈约束关键技术和交通安全保障关键技术上有所突破，充分发挥科技对交通发展的支撑作用；要选择一批关联度高、应用面广的先进适用技术和重大共性技术，加大科技攻关、技术集成和推广应用的力度，充分发挥科技对交通发展的推动作用；要凝练出一批具有战略性、前瞻性和全局性的重大前沿技术，实现重点领域的跨越发展，充分发挥科技对交通发展的引领作用。

按照现代交通运输业发展的需要，针对全局性、方向性、综合性的关键技术问题，大力推进交通科技自主创新，鼓励原始创新，强化集成创新和引进消化吸收再创新。在基础设施建设中实现重大工程的技术突破，在运输服务领域加大现代信息技术、管理技术等的集成应用，更加重视决策支持、智能交通、现代物流、交通安全、资源节约、环境保护、减灾防灾等方面的技术研发，强化基础性研究，攻克关键性技术，突破牵动性技术，普及应用型技术，促进高新技术在交通领域的应用。

(三)加强先进适用新技术推广应用

鼓励因地制宜、就地取材，选用适宜地方特点的路面材料和结构形式。大力推广材料节约与循环利用技术，大力推广应用环境及生态保护技术。积极研发应用溢油监视、鉴别、处理和生态评价技术，鼓励开发和推广应用船舶防污染技术。研发应用防灾减灾、风险源辨识监控预警等交通安全新技术。加强运输车、船节能技术的研发和应用。鼓励在交通建设、运营、运输过程中使用太阳能、风能、生物质能、燃料电池、醇醚类燃料等清洁能源。

专栏21:交通节能科技创新与推广的优先领域

一、公路运输节能技术

1. 节能环保型运输装备及其产品技术。开发、推广汽油发动机直接喷射、多气阀电喷、稀薄燃烧、提高压缩比、发动机增压等先进技术;开发柴油发动机客车;开发、推广混合动力汽车;研发自重轻、载重量大的运输设备;推广节能环保的汽车节能新工艺、新材料、新技术、新产品。

2. 现代化物流技术。研发客货运输综合枢纽建设与运营管理技术;以主枢纽为货运节点的道路货运信息服务系统;推广甩挂运输、拖挂运输技术。

3. 智能交通管理技术。研发智能交通综合调度系统,GPS、GIS、GRS(3S)技术;ETC技术。

4. 推广汽车替代燃料技术。因地制宜推广汽车利用天然气、醇类燃料、合成燃料和生物柴油等替代燃料技术,开发研究电动汽车、氢气汽车等新型动力。

二、水路运输节能技术

5. 发展船舶节能新技术。开发和采用节能新船型,鼓励采用新技术、新材料、新结构提高船舶设计制造水平;研究和推广船舶节能新产品、新技术。

6. 发展船舶运输管理技术。引入运输智能化、电子信息化等先进技术;鼓励发展海峡、海湾和陆岛客货混装运输及商品车辆集装单元化运输等多种联运现代运输组织方式。推广减速航行和经济航速、气象导航技术，主机与增压器优化调整技术，机桨匹配优化、最佳纵倾节能技术，船舶热能综合利用节能技术、船体防污、除污和船舶营运组织优化节能技术。

7. 发展海上运输新技术。研究、推广 LNG 和 CNG 海上运输技术。研发、推广船舶新型替代燃料，适度在船舶上推广应用燃料电池等清洁能源。

三、港口节能技术

8. 推广有利于提高装卸设备机械效率的节能技术。鼓励采用轨道式龙门吊等高能效设备，优先选用电力驱动装卸设备技术；鼓励采用电能回馈装置；研发推广港口装卸设备"油改电"技术等。

9. 港口物流综合信息服务平台技术。港口生产信息系统；港口 EDI 技术，GPS 等定位技术，射频、条码等技术等；货物识别、跟踪和调度技术等。

10. 推广照明和空调系统节能改造技术。推广港口、场站等的照明节电改造和空调系统节能技术。

比如，2008 年初在抗击中国南方地区大面积的低温雨雪冰冻灾害中，加强了先进适用技术的推广应用，充分发挥了科学技术的优势，有效地减少了灾害程度和对环境带来的负面影响。这次抗灾保通工作中，利用在客车上安装的 GPS，不但加强了安全监管，而且在应急运力的调度、紧急救援等方面发挥了重要作用。抗灾期间，交通部还向科技部提供了重大冰雪灾害后路面使用性能快速检测、病害预测及处治技术等15项道路除雪除冰、检测修复的实用技术，科技部将其纳入了《南方地区雨雪冰冻灾后重建实用技术手册》，为抗灾救灾和灾后重建提供了科技支撑。此次抗击冰雪灾害还启示我们要进一步强化“事前的科技防冰雪，事后的科技除冰雪”，开发并推广应用新型环保融雪剂，提高道路维护、管理和救援的技术保障能力。

（四）加快现代信息技术研发应用

大力推进行业信息化建设，鼓励交通企业利用现代信息技术提升企业核心竞争力。综合开发利用行业信息资源，建立资源共享的政府公共信息服务平台和管理信息平台，完善公众出行信息服务平台，建立物流信息服务网络，为公众出行和货物运输提供及时、准确、高效的交通信息。研发应用营运车辆的卫星监控和实时跟踪系统，建立全国道路运输车辆、营运驾驶员和经营业户数据库，加强行业信用信息系统建设。

（五）强化科技成果转化和推广

要在充分重视知识产权保护的前提下，做好科技成果的推广应用和产业化工作。高度重视应用型技术的研发，积极采用新技术、新材料、新工艺、新装备，鼓励使用创新成果，建立和完善科技成果推广应用的有效机制，促进科研成果的产业化发展。充分利用科技信息资源共享平台和技术交流等多种形式，交换信息，共享成果;大力实施科技成果推广示范工程,加快资源节约、环境保护、节能减排等技术的示范和推广。鼓励把先进、适用的科技成果及时纳入标准规范,或通过发布技术指南的方式予以应用。政府采购应优先购买中国自主创新的产品或服务。组织开展交通科技下乡、科技下基层活动,采取多种方式,向在农村公路建设、基层公路与航道养护部门等生产一线工作的同志传授实用科技知识,提高他们的知识和技能水平。

(六)注重行业标准规范制修订

进一步完善交通技术标准规范体系,形成以行业标准为主体,以地方规定、企业指南和项目指南为补充,结构合理、功能完备的科学体系。强化安全标准和运输服务标准,加强节能减排、环境保护标准体系建设。建立开放、及时的标准制修订机制,积极引进、消化和吸收国外先进标准,加快标准规范的更新。优先采用具有自主知识产权的标准,及时淘汰落后标准,支持企业、社会组织参与制定标准规范。鼓励结合地区特点制定地方标准。

附录1：关于加快发展现代交通业的若干意见

交科教发〔2007〕761号

为深入贯彻落实科学发展观，按照国家加快转变经济发展方式、推动产业结构优化升级和大力发展现代服务业的战略部署，推进公路水路交通由传统产业向现代服务业转型，加快发展现代交通业，现提出如下意见。

一、加快发展现代交通业的重大意义

1. 发展现代交通业是经济社会发展的客观要求。中国经济社会快速发展，对外开放日益扩大，工业化、信息化、城镇化、市场化、国际化深入发展，经济结构加速调整，消费结构逐步升级，城乡区域协调发展，带来了旺盛的客货运输需求，安全可靠、经济高效、便捷舒适乃至个性化的价值取向不断增强，对交通运输提出了新的更高要求。只有继续扩大交通供给能力，不断提高运输服务水平，才能主动适应经济社会发展的客观要求。

2. 发展现代交通业是实现科学发展的必然要求。随着经济社会的发展，土地、能源等资源及生态环境的制约日趋突出，交通发展过程中一些深层次问题和矛盾日趋显现，交通发展面临巨大挑战。转变交通发展方式，调整产业结构，创新体制机制，强化行业管理，走资源节约、环境友好型的交通发展道路，是实现交通科学发展的必然要求。

3. 发展现代交通业是交通发展规律的内在要求。世界交通发展的历程表明，交通发展必然经历一个大规模基础设施集中建设的阶段，经历由单一运输方式的各自发展向多种运输方式协调发展的过程，经历由数量扩张到质量提升、由外延粗放向内涵集约的发展过程。随着交通基础设施规模的不断扩大，交通发展将更加注重科技进步与创新，更加注重质量效益的提升，更加注重运输效率的提高，更加注重与资源环境相协调，这是交通实现全面协调可持续发展的内在要求。

4. 加快发展现代交通业是新时期交通发展的重大战略。交通运输是国民经济的基础性产业，也是服务性行业，是现代服务业的重要组成部分。发展现代交通业，就是用现代科学技术和管理技术改造和提升交通，提高交通基础设施、运输装备的现代化水平和运营效能，适应现代服务业发展要求，不断拓展交通服务领域，走资源节约、环境友好发展之路，促进综合运输体系发展，提高交通现代化水平。发展现代交通业是新时期交通发展具有全局性、方向性的重大战略。

二、发展现代交通业的指导方针与总体要求

5. 发展现代交通业要以邓小平理论和“三个代表”重要思想为指导，全面贯彻落实科学发展观，紧紧围绕

做好“三个服务”，统筹交通建设与运输服务协调发展，统筹城乡区域交通协调发展，统筹交通与资源环境协调发展，统筹各种运输方式协调发展，强化理念创新、科技创新、体制机制创新和政策创新，转变交通发展方式，走资源节约、环境友好型交通发展道路，推进公路水路交通科学发展。

6. 发展现代交通业，关键是要实现交通发展方式的转变，即：交通发展由主要依靠基础设施投资建设拉动向建设、养护、管理和促进运输服务协调拉动转变，由主要依靠增加物质资源消耗向依靠科技进步、行业创新、从业人员素质提高和促进资源节约环境友好转变，由主要通过单一运输方式的发展向综合运输体系发展转变。

7. 发展现代交通业的总体要求是：到 2010 年，交通发展质量和效益明显提高，运输服务的能力和水平明显增强，交通行业创新能力明显提升，现代交通业发展明显加快，基本适应国民经济和社会发展的需要。

——交通基础设施建设和运营服务水平明显改善，基础设施网络化程度和管理信息化水平进一步提升，道路、航道通行能力明显增强，港口、站场服务功能进一步拓展，运输方式之间分工合理、衔接有效，服务效率明显提高。

——交通增长方式转变取得明显进展，资源利用、环境保护的水平明显提高，交通发展集约利用土地和岸线成效显著，单位运输能耗和污染物排放量明显下降。与 2005 年相比，实现公路单位运输周转量用地面积下降 10%，营运货车单位运输周转量能耗下降5%，营运船舶单位运输周转量能耗下降10%，营运车辆单位运输周转量污染物排放量下降30%。

——运输服务质量明显提高，运输组织进一步优化，运输服务效率有效提升，运输服务领域得到拓展，服务增加值有所增长，公众出行信息服务及时、准确，公众满意度明显提高。

——公路水路交通支持保障系统更加完善，交通安全服务水平、救助打捞和应急保障能力明显提高，营运车辆引发的道路交通事故死亡人数大幅减少，运输船舶重大事故率持续下降，与2005年相比，营运车辆万车死亡率下降40%，万艘运输船舶重大事故率下降10%。

——创新型交通行业建设得到有效推进，科技创新体系进一步完善，科技的支撑作用进一步加强，与2005年相比，交通科技进步贡献率提高五个百分点。

——交通管理体制改革取得实质性进展，基本建立符合社会主义市场经济体制要求的体制机制和政策法规体系。

8. 到2020年，交通发展的质量和效率显著提高，运输服务能力和管理水平显著提升，行业的创新实力显著增强，节约资源、保护环境取得显著成效，形成更安全、更通畅、更便捷、更经济、更可靠、更和谐的交通运输服务体系，使交通发展的成果惠及城乡、人民共享，适应全面建成小康社会的需要，为本世纪中叶实现交通现代化打下坚实基础。

9. 发展现代交通业，在当前和今后一个时期的重点是：调整交通结构，促进结构的优化升级，增强交通运输保障的能力；转变发展方式，建设资源节约、环境友好型交通，增强交通可持续发展的能力；推进自主创新，建设创新型行业，增强交通发展的内在动力；完善行业管理，建设服务型政府交通部门，增强交通公共服务的能力。

三、大力调整优化交通结构

10. 调整优化交通结构，统筹基础设施建设、养护与运输服务的协调发展。继续加强公路水路交通基础设施建设，不断提升基础设施运行维护水平。强化交通运输服务，引导运输结构不断优化，提高运输服务的能力和水平。优化投资结构，调整行业政策，实现资源的优化配置和有效利用。

11. 加强基础设施薄弱环节建设，优化网络功能结构与布局。继续加强国家高速公路网建设，加强农村公路建设，加大国省干线改造力度，完善运输枢纽布局，加强与其他运输方式相衔接的公路水路交通枢纽的建设，提高基础设施使用效率和服务能力。充分发挥水路运输的比较优势，进一步优化港口结构，整合港口资源和功能，加快以长江黄金水道为重点的内河航运建设，加快国家高等级航道建设，提高整体服务水平和效率。加强海事船检、救助打捞、科技教育、安全保障、信息通信等支持保障系统建设。

12. 加快运输结构调整，提升交通运输服务能力。

优化运输组织结构，大力发展规模化、集约化、网络化运输，提高运输组织效率，逐步实现货运的无缝衔接和客运的零换乘。引导营运车船向标准化、专业化、清洁化方向发展，发展厢式运输、甩挂运输和汽车列车，提高运输装备的技术水平。优化远洋船队结构，扩大国轮船队规模，适应国家经济安全的需要。

四、加快转变交通发展方式

13. 转变交通发展方式，提升交通发展质量和效益。提高发展质量和效率是最有效的资源节约和环境保护，要以节约集约利用资源和保护生态环境为主线，积极推进交通基础设施的升级改造，不断提高工程的质量和耐久性，降低全寿命周期运行成本，加强基础设施养护管理，提高交通运输的信息化、网络化、智能化水平，提升设施的使用效率，保障交通运行安全。要减少对资源的占用和消耗，把节约资源、保护环境落实到交通发展的各个层面和各个环节，实现交通发展与自然生态的和谐统一。

14. 节约利用资源，实现集约发展。落实国家最严格的耕地保护政策，完善公路用地及建设的相关标准，节约集约利用土地资源，集约使用和有效保护岸线资源，优化利用岛屿岸线，促进内河航运资源的合理开发、优化配置、高效利用，提高水资源综合利用水平。遵循“减量化、再利用、资源化”原则，积极研究开发资源综合利用、材料再生等技术，大力发展交通循环经济。

15. 推进节能减排，发展清洁运输。制定营运车船的节能减排标准，进一步完善运输装备的市场准入和退出机制，从源头上限制高耗能运输装备进入运输市场，逐步淘汰高耗能的设施和装备，促进运输技术装备结构升级。进一步完善公路、水路运输和港口的节能减排指标体系。积极推广应用节能新技术、新工艺、新装备，鼓励推广使用替代能源。

16. 促进环境保护，建设生态文明。强化全行业环境保护意识，贯彻落实有关环境保护的法律法规，完善相关的行业政策及标准规范，严格执行建设项目环境影响评价制度和“三同时”制度，加强建设工程的环境保护和生态恢复。做好环境影响评价工作，建立交通环境保护监测评估体系，加强环保监测和监督，切实将环境保护落实于规划、设计、施工、运营的全过程。

五、积极促进现代物流发展

17. 改造和提升传统货运业，加快现代物流发展。交通运输是现代物流发展的基础，要充分发挥港口、站场在物流中的结点作用，扩展交通运输在供应链中的服务功能，提供延伸服务和增值服务。引导运输企业拓展业务范围，鼓励运输企业按照市场机制整合资源，提升运输的专业化、社会化服务水平，由单一的运输承运人向现代物流经营人转换，积极发展第三方物流。加快航运中心建设，延伸水运服务功能，提高海运服务贸易能力。

18. 加强统筹规划,完善物流网络布局。进一步做好港口、运输站场等物流结点的布局规划,货运站场选址要充分考虑物流组织的需要,注重与其他运输枢纽的衔接,重视中心城市、口岸和物资集散地物流基地(园区)的规划工作,促进区域物流网络的形成。

19. 加强物流技术研发应用,重视物流标准规范制定。强化现代物流技术的研发和应用,推动物流信息公用平台、物流在线服务平台等的建设,促进物流资源的整合。注重现代物流标准的研究与制定,加强基础性标准的制修订,注重与各种相关技术标准的协调一致,促进现代物流标准体系的建设。

六、有效提升客运服务品质

20. 发展优质的公共客运,提供安全便捷的出行服务。构建由快速客运、干线客运、农村客运和旅游客运等组成的多层次客运网络体系,加强道路客运与其他运输方式的紧密衔接。提供安全好、效率高、质量优、成本低、污染小的公共客运服务,引导交通消费,鼓励公共交通出行。

21. 发展农村客运,促进服务均等化。创新城乡客运管理体制,研究制定进一步支持农村客运的相关扶持政策,推动建立城乡统一的客运市场。统筹规划农村公路、客运站点和线路布局,加快乡镇客运站点建设,探索农村客运线路公交化运营模式改革,提高乡镇客运班车的通达率和覆盖率。

22. 拓宽客运服务领域，满足多样化运输服务需求。鼓励客运企业向社会提供高品质、多层次的运输服务，积极发展新兴运输服务形式，扩展运输服务功能，适应小汽车进入家庭的需要，加快建立全国机动车维修救援网络，推行连锁经营等现代经营方式。

七、全面提高公共服务能力

23. 转变政府职能，规范行政权力运行。加快服务型政府建设，强化公共服务，加强行业管理，规范市场秩序，完善运输服务标准，形成统一开放、竞争有序的运输市场，创造公平竞争的市场环境。推进依法行政，规范执法行为，减少和规范行政审批。建立健全重大决策的专家咨询、社会公示、听证和信息公开等制度，增强科学决策、民主决策、依法决策的能力与水平。加快发展交通电子政务，完善交通统计体系和统计制度，提高交通行政管理的效能。

24. 完善信息服务体系，提升公共服务能力。积极推进交通政务公开，加强政府门户网站建设，加快建立统一的交通服务热线。充分利用和整合信息资源，建立交通信息共享平台，提高交通公共信息服务的有效性和针对性，提供及时、准确、全方位的惠民便民交通信息服务。

25. 强化安全监管，加强交通安全保障能力。提高水上安全监管、救助打捞、船舶检验及应急抢险能力，强化重点水域、重点船舶、重点时段和重点环节的安全监管，建立水上交通安全管理长效机制。继续实施公路交通安全保障工程、危桥改造工程、干线公路灾害防治工程，建立和推行桥梁定期检验制度。落实交通建设项目施工安全生产责任制，严格执行工程项目和设备监理制度，增加施工安全生产投入，加大监管力度。加强道路客运和危险货物运输安全管理，继续加强车辆超限超载治理。

26. 完善应急保障机制，提高应急保障能力。完善交通突发公共事件应急预案和应急体系，加快交通应急平台建设，加强交通应急队伍建设，提高应对突发公共事件的能力。完善重点物资运输机制，保障特殊情况与紧急状态下农副产品、人民生活必需品、重点物资、抢险救灾物资、军需物资等的运输，维护经济安全和国防安全。

八、着力强化科技创新和人才保障

27. 加强科技创新体系建设，提高交通科技创新能力。继续加快交通行业科技创新体系建设，加强重点实验室建设，着力培育国家重点实验室，积极做好科技信息资源共享平台建设。切实加大交通科技创新投入，充分发挥企业技术创新的主体作用，促进产学研相结合。积极扩展科技咨询、技术交易、成果推广、信息服务、检验检测、知识产权等交通科技服务，加强国际科技合作与交流。

28. 大力推进交通科技创新，强化科技成果转化和应用。注重原始创新，强化集成创新和引进消化吸收再创新，紧密结合交通生产建设实际，努力突破一批行业重大关键技术，推进信息通信、现代物流、环境保护、新材料、新能源等技术在交通领域的研发和应用，大力发展智能交通，加强科技成果的推广，及时将先进适用的科技成果纳入标准规范，实施科技成果推广示范工程，提升交通发展的科技含量。

29. 加强人才培养，为交通发展提供智力支持。牢固树立“人才资源是第一资源”的理念，创新人才引进、培养和使用机制，加强管理人才、专业技术人才和技能型人才队伍建设，大力开展交通职业教育，加强交通从业人员专业技能培训，积极推行职业资格制度，加强行业精神文明建设，注重劳动者素质提高，提升交通行业从业人员的服务意识、服务能力和服务水平。

九、切实推进现代交通业发展

30. 提升发展理念，深化对发展现代交通业的认识。深入贯彻落实科学发展观，不断增强发展现代交通业的紧迫感和使命感。进一步明确任务，狠抓落实，使做好“三个服务”和推动交通由传统产业向现代服务业转型成为行业的自觉行动，通过理念创新、科技创新、体制机制创新和政策创新，大力推进现代交通业发展。

31. 调整投资结构，引导现代交通业发展。突出“四个重点”，保证国家规划的公路水路重点项目、农村公路、安全保障工程和科技创新项目的重点投入，实行“两个倾斜”，坚持向中西部地区和公益性强的项目倾斜，继续加大对节能减排、生态环保、信息化建设等领域的持续投入，发挥财政性资金的引导和杠杆作用，积极吸引社会资金参与现代交通业发展。强化对资金、资产安全与使用效益的监管，不断提高交通资金的使用效率和效益。

32. 完善体制机制和行业发展政策，保障现代交通业发展。继续深化交通运输管理体制改革，积极推进城乡、区域交通一体化，促进综合运输体系建设。加快交通执法体制改革，积极推进交通综合执法，提高交通行政执法的效率和能力。按照社会主义市场经济体制发展的要求，进一步推进和完善高速公路管理体制、干线公路养护机制、农村公路管理体制、航道管理及养护体制、内河航运管理体制以及港口管理体制等方面的改革。强化政策创新，研究制定新时期促进交通科学发展的行业政策和技术政策，加快调整收费公路、标准规范等政策规章，加强交通法规建设，进一步完善交通法规体系，建立和完善交通行业服务标准体系。

33. 抓好典型示范，大力推进现代交通业发展。针对发展现代交通业中的重点、难点问题，找准工作的切入点和着力点，树立一批代表产业发展方向、能够引导行业发展的突出典型，通过试点示范工程或专项行动计划，以点带面，全面推进现代交通业发展。

附录2： 李盛霖部长在2008年全国交通工作会议上的讲话

认真贯彻党的十七大精神
努力提高交通“三个服务”的能力和水平

——李盛霖部长在2008年全国交通工作会议上的讲话

2008年全国交通工作会议的主要任务是：认真贯彻党的十七大精神，高举中国特色社会主义伟大旗帜，以邓小平理论和“三个代表”重要思想为指导，深入贯彻落实科学发展观，总结2007年和十六大以来的交通工作，分析交通发展面临的形势和任务，按照中央经济工作会议的部署和要求，安排2008年的工作。

党中央、国务院非常重视和关心支持交通工作。胡锦涛总书记、吴邦国委员长、温家宝总理等中央领导同志多次对交通工作作出重要批示和指示。曾培炎副总理致信交通工作会议，充分肯定了多年来交通工作取得的成绩，就深入贯彻党的十七大精神，落实中央经济工作会议的部署，做好今后一个时期的交通工作提出了明确要求。我们要认真学习，抓好落实。

下面，讲三个问题。

一、2007年和十六大以来的交通工作

2007年，交通工作坚持以科学发展观为统领，深入贯彻中央确定的经济工作大政方针，围绕做好“三个服务”，转变发展方式，调整交通结构，注重推进创新，强化行业管理，促进又好又快发展，完成了各项任务，取得了新的成绩。主要体现在八个方面。

（一）长远发展规划编制提高到新的水平

去年，国务院先后批准实施《全国内河航道与港口布局规划》、《国家水上安全监管和救助系统布局规划》。这两部规划与《国家高速公路网规划》、《农村公路建设规划》、《全国沿海港口布局规划》等，共同构成了覆盖国家高速公路、农村公路、沿海港口、内河航道与港口、水上安全监管和人命救助等较为完整的交通长远发展规划体系。完成了国家高速公路网路线规划和命名编号方案。发布了《国家公路运输枢纽布局规划》。进一步整合区域交通发展规划，编制完成了《公路水路交通基础设施区域规划纲要》、《西部地区公路水路交通发展规划》。开展了沿海主要港口集装箱港区疏港高速公路方案和建设规划编制工作，启动了流域水运规划修编工作。简化了国家高速公路网建设项目审批程序。出台了进一步加强民族地区交通工作的意见。

(二)公路水路重点项目建设取得新的突破

全年完成交通固定资产投资7 500亿元。经过15年的不懈努力,总规模约3.5万公里的“五纵七横”国道主干线系统比原规划提前13年基本贯通,实现了本届政府的既定目标。国家高速公路青岛至莱芜段、景德镇至鹰潭段、重庆至遂宁段等建成通车,全年建成高速公路近8 300公里,是历史上建成里程最多的一年。西部开发8条省际通道建设完成总量的80%。苏通长江大桥、杭州湾跨海大桥、舟山连岛工程西堠门大桥合龙。预计全年新增公路通车里程11.6万公里。到去年年底,全国公路通车总里程达357.3万公里,其中高速公路5.36万公里。有21个省区市高速公路里程超过1 000公里,其中,河南、山东两省突破4 000公里,江苏、广东两省突破3 000公里,河北、浙江、云南、湖北、安徽、陕西、江西七省超过2 000公里。

煤油矿箱等大型深水专业化码头和港口深水航道建设继续推进。上海国际航运中心洋山深水港区二期工程、秦皇岛港煤码头四期和五期扩容工程、营口港鲅鱼圈15万吨级航道工程等竣工验收,上海国际航运中心洋山深水港区三期工程、唐山港曹妃甸港区工程以及长江口深水航道治理三期工程、深圳铜鼓航道工程等项目进展顺利。长江黄金水道建设总体推进方案加快实施。长江航道整治工程、京杭运河扩能改造工程扎实推进,杭甬运河改造工程基本完成。株洲航电枢纽基本建成,松花江大顶子山航电枢纽工程主体完工,嘉陵江、右江、汉江等航电枢纽项目加快建设。全年建成港口泊位300个,其中万吨级深水泊位200个,新增吞吐能力5.37亿吨,改善内河航道里程342公里。到去年年底,中国港口共拥有生产性泊位35 753个,其中万吨级深水泊位1 403个;内河通航里程12.3万公里,其中50%为等级航道。

加强工程建设质量监管和规范交通建设市场秩序。推进施工企业信用评价体系建设,建立工程质量信息统计分析制度。开展了以高速公路、大跨径桥梁、长大隧道为重点的工程建设质量安全督察和试验检测专项治理活动。内河航运建设质量年活动圆满结束。高速公路路基、路面工程抽检指标总合格率达99.2%,桥梁工程达96.5%。进一步强化了建设项目资金安全与使用效益监管,出台了交通部门预算项目绩效考评试点办法,对重点项目和农村公路项目资金使用进行了检查。

(三)农村交通发展取得新的成效

按照2006年、2007年中央1号文件的要求,部与29个省区市签署了共建农村公路的意见,建立了部省工作协调机制和建设目标考核制度。进一步加大资金投入,车购税投资同比增长61.5%,占车购税总投资的44.1%。改进了农村公路计划管理方式,完善了农村公路基础数据和电子地图,建立了农村公路项目库和动态更新管理机制。进一步完善了农村公路建设"政府监督为主、群专结合”的质量监管模式，组织开展了质量回访活动。推广了四川仪陇尊重农民意愿、实行民主决策，广东徐闻多渠道筹资建设农村公路的经验。北京、天津、上海、江苏、河南等省市具备条件的建制村全部通了沥青（水泥）路。全年新改建农村公路42.3万公里。到去年年底，乡镇通公路率达98.54%，建制村通公路率达88.15%。农村公路养护管理制度建设和标准规范制定取得进展，起草了《农村公路养护管理暂行办法》和《农村公路养护技术指南》，26个省区市出台了农村公路养护体制改革方案。支持农村公共交通和运输发展，落实农村客运燃油补贴政策，农村路站运协同发展，客运网络化建设加快，进一步提高了农村客货运输的能力和水平。

（四）运输服务和市场监管迈上新的台阶

公路水路客货运输继续较快增长。预计全年公路水路完成客运量208.2亿人，旅客周转量11 522亿人公里，同比分别增长10.6%、12.9%；完成货运量190.1亿吨，货物周转量73 440亿吨公里，同比分别增长10.8%、12.6%。港口货物吞吐量达64.1亿吨，同比增长15.1%，营口港进入亿吨港行列，中国已有14个亿吨大港；港口集装箱年吞吐量突破1亿标准箱，达到1.127亿标准箱，同比增长20.4%。

加强运输组织和运力协调，确保煤炭、粮食、石油、铁矿石等重点物资运输，完成了春运和“五一”、“十一”

黄金周的旅客运输任务。针对全国生猪及猪肉等副食品供应趋紧的状况，加强城镇居民生活必需品运输。积极应对台风、洪涝等恶劣气候影响，抢通水毁公路和通航设施，保障抢险救灾物资运输和城乡居民正常生活。基本建成了 4.3 万公里鲜活农产品运输“绿色通道”网络，全年减免通行费约 30 亿元。建立了全国道路水路运输信息系统，实施部省道路运输管理信息系统联网试点。推进进口能源、重要原材料运输国轮船队建设，完成了三峡船闸完建期和 156 米蓄水期的通航保障和运输组织。

进一步加强运输市场监管。出台了促进道路运输业又好又快发展的若干意见，制定了道路旅客运输班线经营权服务质量招标投标办法，开展了道路运输和机动车维修企业质量信誉等级评定，积极推进承运人责任险工作。加强交通行业职业资格制度建设，实施驾驶员素质教育工程，进一步规范了从业人员市场准入。建立车辆超限超载治理长效机制，完善了全国治超监控网络。加强和规范养路费征管工作，联合开展了车辆外挂专项治理活动、打击盗用伪造军车号牌专项斗争。健全国内航运企业经营资质动态监管措施，整顿班轮运输和无船承运人市场，进一步规范了中日集装箱运输市场。与国家电子口岸成员单位建立了定期沟通协商机制，提高了大通关效率。出台了促进海峡两岸海上直航五项改革措施，扩大了两岸合作与交流。京杭运河已全线完成挂桨机船拆解、改造，长江船型标准化稳步推进。港口引航管理体制改革基本完成。落实中资国际航运船舶特案免税登记政策，壮大五星红旗船队规模，首批25艘、102万载重吨船舶已回国登记。

（五）安全监管和人命救助能力得到新的提高

完善重点水域、重点船舶、重点时段、重点环节的安全监管和动态待命救助值班制度，加强海陆空立体救助网络建设。开展了船舶“防碰撞、防泄漏”、渡口渡船、低质量船舶、方便旗船舶、危险品运输等专项整治。加快了海船更新改造和老旧客滚船淘汰步伐。与相关部委建立了海上搜救协作联动机制，建立了鼓励社会搜救力量参与海（水）上搜救行动的奖励机制。表彰了在海（水）上搜救工作中表现突出的37个先进单位、75个先进集体和113名先进个人。“南海救111”轮全体船员和潜水员祖旭峰获得国际海事组织首次颁发的“海上特别勇敢奖”。

加强交通安全应急体系建设，提高突发事件应对能力。颁布实施了《防抗台风等极端天气应急预案》和《长江干线水路交通应急预案》，举行了长江三峡库区联合搜救演习、渤海溢油应急演习和港口设施保安演习。成功组织了30多次防抗台风和寒潮大风工作。去年11月下旬组织营救了在西沙、南沙被困的52艘船舶、1022名中外渔民，温家宝总理作出重要批示，充分肯定了交通部门多次成功实施海上救助、保护国内外渔民安全的救助行动。多次组织应急打捞行动，成功打捞“南海一号”南宋古沉船。初步统计，全年水上交通事故件数、死亡人数、沉船艘数、直接经济损失同比分别下降4.5%、1.1%、0.8%和9.3%，组织搜救1 861次、救助24 277人，救助成功率96.8%。

推进道路运输安全管理长效机制建设。加强道路客运和危险货物运输安全管理，开展安全评估，监督道路运输企业履行安全生产主体责任，继续组织公路交通安保工程、危桥改造工程、干线公路灾害防治工程及公铁立交安全整治工程。

按照国务院要求，组织开展了交通安全生产隐患排查活动。加强交通建设项目施工安全监管。实施《公路水运工程施工安全监督管理办法》，进一步完善了重大生产安全事故快速反应机制，开展了以公路桥梁为重点的交通基础设施安全隐患排查治理专项行动。推进平安交通建设，治安综合治理和港航治安防控体系建设得到加强。

（六）科技创新和节能减排取得新的成果

国家科技支撑项目“国家高速公路联网不停车收费和服务系统”与苏通大桥、舟山连岛工程等大跨径桥梁建设关键技术研究取得显著进展；“离岸深水港岩基浅埋关键技术研究”、“海难搜救机器视觉技术系统研究”等一批项目列入“国家863”高技术研究计划；冻土、沙漠等特殊地质筑路技术和大深度饱和潜水应用技术等关键技术取得了重大突破;"长江口深水航道治理工程成套技术"等三个项目获得国家科学技术进步一等奖和二等奖。完成了第二批交通行业重点实验室认定工作,实验室已达30个。四川雅泸高速公路等四个科技示范工程、湖北神宜科技环保示范路建设取得明显成效。农村公路建养成套技术、高等级公路路面再生、废旧橡胶粉筑路应用等新材料、新技术得到推广。完成了交通信息基础数据元标准制定。推进了交通管理干部培训工程和交通专业技术、创新人才、技能型人才培养工程。

认真落实国务院关于加强节能减排工作的部署与要求,制定了交通行业节能减排工作方案和加强节能减排工作的意见,开展了交通行业节能中长期规划的研究,完成了交通运输行业能源消耗状况分析及能源标准体系建设研究。制定和修订了一批节能减排行业标准体系。加强了港口新(改、扩)建工程可行性报告节能评估审查、在用车船节能产品(技术)推优和港口集装箱轮胎吊"油改电"等的研发推广工作。组织开展了运输车辆燃油经济性检测方法、营运性车辆燃油消耗市场准入与退出专项行动计划等研究。20个节能示范项目在全行业得到推广。

(七)法制建设和对外交流合作取得新的成绩

《中华人民共和国船员条例》颁布实施,《海上交通安全法》、《防治船舶污染海域环境管理条例》、《港口间旅客运输赔偿责任限额规定》制定修订工作取得进展，起草了《公路保护条例》、《海上人命搜寻救助条例》、《潜水条例》，制定了12件部门规章，实施了新的《交通法规制定程序规定》。完成了清理行政审批事项和法规规章工作，取消了3项交通行政审批项目，废止了47件部门规章。重庆、广东等地的交通综合执法改革试点工作取得新进展，完善了交通行政执法责任制。实施了《交通部行政复议工作规则》。

交通对外区域、双边、多边交流合作进一步深化。签署了中国—东盟海运协定，承办了中国—东盟港口发展与合作论坛，建立了港口合作机制；通过了大湄公河次区域交通合作第二个十年战略规划，形成了未来十年中亚区域交通合作战略规划框架；推动上海合作组织交通领域合作及便利化运输协定的制定；落实中日韩海上运输及物流行动计划，中韩陆海联运汽车运输合作取得实质性进展，签订了中韩海上搜救合作协定。与欧盟、加拿大等签署了合作谅解备忘录或合作协议，中加政府合作项目“中国西部道路发展”圆满完成。落实中美商贸联委会运输工作组确定的行动计划。积极推动交通企业“走出去”，中吉乌公路、马都拉大桥等重点项目进展顺利。马六甲海峡航行安全合作取得阶段性进展。积极参与拆船公约等海运领域国际规则的制定和修正。推动亚太经合组织运输领域的自由化和便利化，启动了港口服务网络建设。举办了第十四届世界智能交通大会暨部长论坛、2007 年上海国际海事论坛和中国国际救捞论坛。

(八)行业文明建设和廉政建设取得新的进展

推出了孔祥瑞、熊文清、青岛港、“李瑞班”等全国先进典型,包起帆、许振超、曹茜当选全国道德模范。各级交通部门开展了“建设服务型机关、努力做好‘三个服务’”等主题实践活动。深化了交通文化研究,开展了交通文化示范单位建设。交通新闻宣传工作进一步加强,组织了“老区新路”、“一亿标箱”、“五纵七横”、海上搜救等重大主题宣传报道活动,制定了《交通行业新闻宣传工作管理办法》。

具有交通特色的惩治和预防腐败体系建设稳步推进,交通建设领域商业贿赂专项治理工作不断深化。进一步加强交通基本建设资金、建设项目和领导干部经济责任等内部审计工作。总结推广了河北省高速公路建设“十公开”、江苏省农村公路建设纪检监察巡查制、长江航道局制度防腐三个典型经验。开展了交通部门廉政教育活动。建立和完善了查处公路“三乱”问题快速反应机制。开展了清理评比达标表彰和违规减免“特权车”、“人情车”车辆通行费专项活动。积极推进政务公开,制定了《政府信息公开条例》实施办法,规范公务活动管理。交通信访工作进一步得到加强。

2007 年是本届政府的最后一年,经过广大交通干部职工的共同努力,圆满完成了全年任务和本届政府确定的目标。党的十七大对过去五年来交通工作取得的成绩给予了充分肯定。五年来，交通工作最突出的特点，就是发展理念更加科学，发展目标更加明确，发展成果更加显著。建成高速公路2.8万公里，超过过去15年的总和；新改建农村公路130万公里，超过过去53年的总和；港口货物吞吐量、集装箱吞吐量连续五年世界第一，亿吨大港增长一倍达到14个；形成了建设世界级桥梁、隧道工程的成套技术，集装箱装卸设备研发制造达到世界领先水平；初步建成了全方位覆盖、全天候运行的安全监管和救助体系，突发事件应对能力和人命救助能力明显提高；培育和树立了许振超、陈刚毅、孔祥瑞、青岛港等一批在行业内外有重大影响的先进典型。

党的十六大以来的交通实践，为交通今后发展积累了十分宝贵的经验：

一是要有科学的指导思想。以科学发展观统领交通工作全局，坚持以人为本和全面协调可持续，明确交通发展战略和发展目标，努力做好“三个服务”。

二是要有不竭的发展活力。坚持改革开放，把创新作为交通发展的战略基点，推进理念创新、科技创新、体制机制创新和政策创新，积极探索资源节约、环境友好交通发展之路，不断破解影响交通发展的难题。

三是要有三个积极性的充分发挥。坚持统筹规划、条块结合、分层负责、联合建设，充分发挥中央、地方和人民群众的积极性，形成促进交通又好又快发展的合力和联动机制，拓宽筹融资渠道，鼓励和引导社会资本参与交通建设。

四是要有有效的行业管理。加强服务型政府建设，推进政府职能、工作作风和工作方法转变，在服务中实施管理，在管理中体现服务，健全完善交通法律法规体系和政策措施，增强政府交通部门的行政执行力和公信力。

五是要有坚强的组织保证和精神动力。不断深化行业文明建设，加强领导班子和领导干部、公务员和高素质人才队伍建设，保持干部职工队伍昂扬向上、风清气正的精神风貌，建立健全具有交通特色的惩治和预防腐败体系，打造廉政交通。

交通发展取得的成绩，是党中央、国务院正确领导的结果，是各有关部委和地方各级党委政府重视关心的结果，是人民群众大力支持的结果，是广大交通干部职工努力拼搏的结果。在此，我代表部党组向关心支持交通事业发展的各有关部委、地方党委政府和人民群众、交通干部职工、离退休老同志表示衷心的感谢！

二、推进交通科学发展面临的形势和任务

党的十七大高举中国特色社会主义伟大旗帜，系统总结了改革开放近 30 年的历史经验，深刻阐述了科学发展观的科学内涵和根本要求，明确提出了实现全面建设小康社会奋斗目标的新要求，全面部署了建设中国特色社会主义事业的各项任务，突出强调了以改革创新精

神全面推进党的建设新的伟大工程。我们要认真学习、深刻领会，结合交通实际，抓住新机遇，落实新要求，谋划新思路，研究新举措，勇于新创造，把党的十七大精神落到实处。

当前和今后一个时期，是中国改革发展的关键时期，也是推进交通科学发展的重要战略机遇期。要深刻认识交通发展面临的新形势，适应新要求，开创新局面。一是要适应经济社会发展对运输的新需求。党的十七大提出，要坚持扩大国内需求特别是消费需求的方针。随着进一步拓展国内消费市场特别是农村消费市场，提高外向型经济水平，物流、人流、信息流将更加活跃，安全、经济、可靠、高效和舒适、便捷、个性化的运输需求更加明显。交通运输要适应经济社会日益增长的新需求，实现规模、速度与质量、效益的协调发展。二是要适应工业化、信息化、城镇化、市场化、国际化的新变化。党的十七大指出，要全面认识工业化、信息化、城镇化、市场化、国际化深入发展的新形势新任务。"五化"反映了经济社会发展在社会分工、科技进步、产业结构升级、人口布局调整、生产方式和交换方式等方面的深刻变革，要求交通进一步发挥好先导和支撑的作用，努力缩小区域、城乡间公共服务差距，促进基本公共服务均等化。三是要适应建设创新型国家的新要求。党的十七大强调，提高自主创新能力，建设创新型国家，是国家发展战略的核心和提高综合国力的关键。交通是国民经济的基础性、先导性产业，要把增强行业创新能力作为交通发展战略的核心，积极推进理念创新、科技创新、体制机制创新和政策创新，加快建设创新型交通行业。四是要适应资源节约和环境友好发展的新路子。党的十七大要求，加强能源资源节约和生态环境保护，增强可持续发展能力。节约资源和保护环境既是紧迫的工作，也是长期的任务，无论是交通建设还是运输生产，都必须把节约土地、降低能耗和保护环境摆到更加突出的位置，以最小的资源消耗和环境代价实现交通又好又快发展。五是要适应加快发展服务业的新任务。党的十七大指出，要发展现代服务业，提高服务业比重和水平。这是加快转变经济发展方式、推动产业结构优化升级的重要内容。交通运输是服务业的重要组成部分。要抓住中国经济发展向第一、第二、第三产业协同带动转变的历史机遇，增强交通运输的服务能力，不断拓展新的发展空间和服务领域。六是要适应发展综合运输体系的新趋势。党的十七大强调，要加强基础产业基础设施建设，加快发展综合运输体系。公路水路交通要进一步发挥技术经济和服务等方面的比较优势，强化在综合运输体系中的基础和骨干作用，促进与其他运输方式的有效衔接，为发展综合运输体系创造更为有利的条件。总之，党的十七大从经济、政治、文化、社会以及生态等方面对全面建设小康社会奋斗目标提出了新要求，确立了新目标。我们一定要把思想统一到党的十七大精神上来，把力量和智慧凝聚到实现党的十七大确定的各项任务上来，推进交通又好又快发展，更好地服务经济社会发展全局，服务社会主义新农村建设，服务人民群众安全便捷出行，为确保 2020 年实现全面建成小康社会奋斗目标提供交通保障。

去年，在深化对交通运输本质属性认识的基础上，部党组明确提出，交通工作要进一步强化服务意识，增强服务能力，提高服务水平，努力做好“三个服务”。一年多来，“三个服务”作为交通工作的重要指导原则，逐步为广大交通干部职工所认同。实践证明：“三个服务”，是对多年来交通实践经验的总结，是对交通发展规律认识的深化，是交通工作贯彻落实科学发展观的本质要求，也是交通工作深入贯彻党的十七大精神、适应新时期新阶段新要求、推进科学发展的出发点和落脚点。广大交通干部职工要从深入贯彻党的十七大精神、推进交通科学发展的高度，进一步在思想认识上增强做好“三个服务”的自觉性和主动性，在工作实践中提高做好“三个服务”的能力和水平。

贯彻落实党的十七大精神，提高做好“三个服务”的能力和水平，需要不断深化认识新时期交通发展的阶段性特征。新中国成立以来特别是改革开放以来，经过几代交通人的艰辛努力，中国公路水路交通事业取得了举世瞩目的历史成就。基础设施规模不断扩大，运输服务水平明显提高，安全保障能力显著增强，公路水路交通瓶颈制约得到有效缓解，在综合运输体系中的地位和作用进一步加强，为促进经济社会发展和提高人民生活水平作出了重要贡献。在肯定成绩的同时，我们也要清醒地看到，2007 年交通工作会议上提出的新时期新阶段交通发展面临的四个方面的严峻挑战依然存在，六个方面的突出矛盾和问题还没有得到根本性解决，同时，又出现了一些新情况新问题。概括起来：一是公路水路交通基础设施建设成效显著，但规模总量仍显不足，交通结构不尽合理；二是公路水路交通运输快速发展，但部分领域资源利用效率不高，发展方式比较粗放；三是交通行业具备一定的发展实力，但创新能力仍显不足，核心竞争力仍需提升；四是行业管理初步适应建立社会主义市场经济体制的要求，但管理能力和服务水平还比较低，体制机制性障碍仍需进一步消除。这些特征表明，交通发展成绩显著，矛盾和问题也很突出，这是社会主义初级阶段基本国情在交通行业的具体体现。

针对新时期交通发展的阶段性特征，我们曾经提出要推进交通由传统产业向现代服务业的转型。经过积极探索和实践，在认真总结多年来交通发展经验的基础上，部党组认为，交通是国民经济的基础性产业和服务性行业，推进交通由传统产业向现代服务业转型，实质上就是推进现代交通业的发展。要紧紧抓住中国经济发展战略转型的历史机遇，加快发展现代交通业，促使交通继续成为新时期国民经济发展的战略重点。这是进一步提高“三个服务”能力和水平的重要抓手。

发展现代交通业，就是用现代科学技术、管理技术改造和提升交通，提高交通基础设施、运输装备的现代化水平和运营效能；适应现代服务业发展要求，不断拓展交通服务领域；走资源节约、环境友好的发展之路；促进综合运输体系发展，提高交通现代化水平。推进现代交通业的发展，关键在于促进发展方式的根本性转变。要努力做到“三个转变”，即交通发展由主要依靠基础设施投资建设拉动向建设、养护、管理和运输服务协调拉动转变；由主要依靠增加物质资源消耗向科技进步、行业创新、从业人员素质提高和资源节约环境友好转变；由主要依靠单一运输方式的发展向综合运输体系发展转变。

推进现代交通业的发展，必须与国民经济和社会发展相适应，与人民生活水平的提高相适应，与实现全面建设小康社会的奋斗目标相适应。党的十七大在十六大确定的全面建设小康社会目标的基础上，对中国到2020年的奋斗目标提出了新的更高要求。交通发展要按照十七大确定的全面建设小康社会新的奋斗目标，调整规划，明确新的目标要求。初步考虑，到2020年，交通发展的质量和效率显著提高，运输服务和管理显著改善，行业创新实力显著提升，资源节约、环境保护显著增强，基本建成更安全、更通畅、更便捷、更经济、更可靠、更和谐的交通运输服务体系，交通发展成果惠及城乡、人民共享，适应全面建成小康社会的需要，为本世纪中叶实现交通现代化打下坚实基础。

“十一五”后三年，要确保公路水路交通“十一五”规划目标任务的完成，为“十二五”期交通发展创造良好条件。到2010年，基础设施网络化程度、信息化水平和运营管理水平得到提升；运输组织进一步优化，服务质量得到提高，公众交通服务领域得到拓展；资源利用水平明显提高，单位运输能耗和污染物排放量明显下降；安全监管、救助打捞和应急保障能力显著提高；行业创新能力不断增强；基本建立符合社会主义市场经济体制要求的交通管理体制机制，形成比较完善的政策法规体系。

完成上述目标任务，要继续加强“四个环节”，在八个方面下工夫。

“四个环节”是：

调整交通结构，促进结构的优化升级，增强交通运输服务保障的能力；转变发展方式，建设资源节约、环境友好型交通，增强交通可持续发展的能力；推进自主创新，建设创新型行业，增强交通发展的内在动力；完善行业管理，建设服务型政府交通部门，增强交通公共服务的能力。

八个方面是：

第一，在基础设施结构调整方面。主要是：中央投资继续向中西部地区特别是西部地区倾斜，向公益性强的项目倾斜，突出国家规划的公路水路重点工程、农村交通、科技创新和安保工程建设；加强国家高速公路网和农村公路建设，加大国省干线改造力度；整合港口资源，完善功能,加快以长江黄金水道为重点的内河航运设施建设;加强运输枢纽站场建设,促进各种运输方式有效衔接。

第二,在运输结构调整方面。主要是:优化运输组织结构,发展规模化、集约化、网络化运输,逐步实现货运无缝衔接和客运零换乘;优化运力结构,引导营运车船向标准化、专业化、清洁化方向发展;发展公共客运,构建由快速客运、干线客运、农村客运、旅游客运组成的多层次客运网络服务体系;推进城乡交通一体化和区域交通一体化;优化远洋船队结构,扩大国轮船队规模,适应保障国家经济安全的需要。

第三,在自主创新方面。主要是:加快交通行业科技创新体系建设,加强重点实验室建设,加大促进交通先进生产力发展的重大关键技术攻关力度,保护知识产权;加强智能交通、现代物流、现代管理、信息技术、交通安全、环境保护、减灾防灾以及新材料、新能源等高新技术在交通领域的研发和应用;推进高速公路联网不停车收费与服务系统建设;建立和完善建设创新型交通行业的政策措施和激励机制,加强创新型人才队伍建设;加强交通科技国际交流合作。

第四,在节约能源资源和保护生态环境方面。主要是:把落实节约资源和环境保护贯穿于交通规划、设计、施工、运营的全过程,节约集约利用土地资源和岸线资源,积极推广应用交通节能新技术、新设备、新产品、新工艺;

完善运输装备的市场准入和退出机制，严格执行车船排放标准，控制和减少营运车辆、船舶的污染排放。

第五，在拓展交通服务领域方面。主要是：积极发展交通工程总承包、交通设计咨询、交通运输代理、交通商务服务等新兴交通服务业务；扩展科技咨询、技术交易、成果推广、信息服务、检验检测、知识产权等交通科技服务；进一步发挥公路水路技术经济优势，推动现代物流信息公共平台建设和物流技术开发应用，促进现代物流业发展；建立和完善交通行业服务标准体系。

第六，在行业管理方面。主要是：培育和建设统一开放、竞争有序的交通市场体系，进一步规范市场秩序；强化交通建设和运营精细化管理，不断提升质量、技术和服务水平；加强和规范收费公路管理，继续加强超限超载治理，完善鲜活农产品"绿色通道"建设管理；加强交通安全监管和人命救助能力建设，建立健全长效机制；完善交通突发公共事件应急预案和应急体系，提高应急保障能力。

第七，在体制机制改革方面。主要是：进一步完善适应社会主义市场经济体制要求的交通法规体系；推进和完善高速公路管理体制、干线公路养护机制、农村公路管理体制、航道管理及养护体制、航运管理体制以及港口管理体制等改革。

第八，在建设服务型政府交通部门方面。主要是：积极推进交通部门转变政府职能、转变工作作风、转变工作方法，强化公共服务职能，完善交通公共服务体系；

减少和规范行政审批，依法行政；厉行节约、反对浪费，建设节约型机关；深化行业文明建设和廉政建设。

推进现代交通业发展是一项创新性很强的工作，要在实践中勇于探索，积极推进。这次会上印发了《关于加快发展现代交通业的若干意见》，提出了发展现代交通业的指导方针、总体要求和重点任务，希望各地交通部门结合实际抓好落实，不断创造出好的经验和好的做法。

三、2008 年的交通工作安排

2008 年是全面贯彻落实党的十七大精神的第一年，是新一届政府工作的开局之年，是改革开放 30 周年和举办北京奥运会之年，也是推进现代交通业发展、搞好"三个服务"的重要一年，做好今年的交通工作非常关键。总体要求是：深入贯彻落实科学发展观，按照中央经济工作会议的部署要求，围绕提高"三个服务"的能力和水平，做到"四个坚持"，即：坚持稳中求进，推进交通科学发展；坚持好字优先，促进交通发展方式转变和结构调整；坚持创新驱动，建设创新型交通行业；坚持以人为本，努力提高交通公共服务能力。

重点做好以下十项工作。

（一）抓好运输保障和市场监管

全力保障石油、矿石等重点物资和粮食、农副产品、抢险救灾物资及城乡居民生活必需品运输。根据新的《全国年节及纪念日放假办法》实施后出现的新情况，认

真研究和组织协调好春运、黄金周和其他放假节日的旅客运输工作。加强鲜活农产品“绿色通道”建设管理，落实省内外运输车辆无差别减免通行费政策。完善北京奥运会应急运输保障体系。做好三峡库区通航保障和长江干线、京杭运河、西江航运干线保通保畅工作。务实推动海峡两岸直航工作。提高公路水路运输应急反应能力和服务水平，加强恶劣天气条件下公路水路运输保通工作。拓展交通公众信息服务功能。

加强运输市场监管，严格市场准入，打击非法营运，建立运输市场监管信息平台，建设诚信体系。推进道路运输违章处罚和运政稽查信息全国联网，实施新的营运车辆综合性能要求和检测方法，开展道路危险货物运输管理法规、规章和标准执行情况专项检查。继续开展以建立长效机制为重点的车辆超限超载治理工作，坚持政府领导，严格执法，源头监管，责任追究，使车辆超限超载治理纳入法制轨道。开展水运行业管理规范年活动和水路内贸集装箱超载专项治理，进一步规范长江引航秩序。推进长江干线船型标准化，研究推进珠江船型标准化。积极促进现代海运船队建设尤其是油轮船队建设，落实好中资国际航运船舶特案免税登记政策。强化国际客运市场准入管理，完善国际海运市场监管。加强交通统计和经济运行分析，组织开展公路水路运输量专项调查和第三次全国港口普查。进一步发挥社团组织作用，规范社团管理。

(二)抓好重点项目建设

完成“五纵七横”国道主干线系统收尾工作。推进国家高速公路和西部开发八条省际公路通道建设,全年建成高速公路5 000 公里。优化路网结构,提高等级标准,继续加大国省干线改造力度,与高速公路和农村公路建设相互衔接,用三年左右的时间,东中部地区力争实现所有国道达到二级以上标准,西部地区(除西藏外)国道达到三级以上标准,基本消灭国道网中的断头路;力争实现中部地区县级、西部地区(除西藏外)地州盟市通二级以上公路,西藏自治区基本实现80%的县通沥青路。积极推进综合运输枢纽建设,重点加强客运站场建设,支持客货运输信息网络建设。统筹区域交通协调发展,整合完善区域交通发展规划,推进区域交通基础设施建设,促进区域交通一体化。组织实施国家高速公路网路线命名编号方案。启动西藏扎墨公路建设,尽快结束墨脱县不通公路的历史。推进煤油矿箱大型专业化码头和港口深水航道建设,加快老码头改造。加大长江黄金水道建设、京杭运河扩能改造、西江航运干线改造的力度,基本建成松花江大顶子山和右江纳吉航电枢纽工程。启动并完成“十一五”规划中期评估与调整工作,开展专项规划编制和重点项目前期工作,抓好主要港口总体规划编制工作。

加强重点工程建设监管。强化公路工程施工许可管理并进行重点督察,公路建设项目未取得用地手续的不得批准施工许可。加快交通建设市场诚信体系建设，严格落实工程质量责任制，开展工程质量执法检查，促进精细化管理。建立信用信息公开制度，加强对从业单位和从业人员的动态管理。开展内河水运建设项目管理绩效考核试点工作。

（三）抓好农村交通工作

积极落实中央农村工作会议精神，按照今年中央1号文件的要求，大力发展农村公共交通。加大中央和地方财政性资金、国债资金投入力度，继续加强农村公路建设，强化农村公路质量监管，推进农村公路管理养护体制改革，加快实施渡改桥及渡口渡船改造等工程。完善扶持农村公共交通发展的政策措施，推进农村客运网络化，探索农村客运公交化改造，推动城乡客运协调发展。全年计划新改建农村公路27万公里。在继续支持革命老区农村公路建设的同时，加大对边疆地区、少数民族地区、贫困地区农村公路建设支持力度。积极争取将特殊困难地区的农村公路养护纳入公共财政支持范围。开展农村公路交通安全保障工程试点。组织开展农村公路建设质量年活动，用三年时间，进一步规范农村公路建设市场准入，严格合同管理，建立适合农村公路特点的质量保证体系，落实从业单位质量责任制，建立质量责任档案，强化政府监督，推行群众监督。

（四）抓好交通安全工作

组织实施《国家水上交通安全监管与救助系统布局规划》，强化水上交通安全监管，提高人命救助和应急抢险打捞能力。开展“两防”等专项整治“回头看”活动，落实隐患排查治理和分级管理制度，抓好源头管理，严把船舶检验关、船公司审核准入关、船员适任关。突出重点，强化现场监管手段，加强动态待命值班。加强应急反应能力建设，健全专业力量与社会力量相结合的应急救援联动机制，做好预警预控。建设沿海船舶污染应急反应体系，健全内河船舶污染防治体系，强化危化品运输船舶的管理。加强船舶和港口设施保安工作，做好奥运赛事城市的港口设施保安工作，依法打击码头、相关水域和船舶上的违法犯罪活动。加强交通信访工作，切实维护行业稳定。

完善道路运输安全生产管理长效机制。制定道路客运企业安全评价办法，提高安全管理应急反应和处置能力。加强公路养护管理。加大公路交通安保工程的实施力度，重点支持西南地区和中西部山区公路安保工程建设。推进干线公路灾害防治工作。全面开展危桥集中整治和改造，力争用三年时间基本消灭现有国省干线上的所有危桥、县道中桥以上、乡道大桥以上的危桥。建立危桥改造项目库并实施动态管理，落实桥梁养护工程师制度，明确桥梁养护管理的责任单位和监管单位，建立完善桥梁运行监控机制和养护管理机制。加强对特大型桥隧设施的动态监控，强化临近铁路、交叉的公路桥梁的安全防护。

加强建设项目安全监管。建立桥隧工程设计和施工安全风险评估制度并开展试点工作。建立工程安全监管联络员制度，推动行业安全技术标准建设。继续开展工程建设安全生产专项整治和隐患排查。

推进公路水运工程建设领域职业资格制度建设，加强营运汽车驾驶员以及机动车检测维修、危险货物运输、国际海运、理货等岗位从业人员的职业技能培训和评价工作。

（五）抓好交通科技创新

加强交通建设、运输、管理关键技术攻关和成果转化、推广。组织落实国家级科技项目和行业重大科技专项研究。开展节约型公路建设、海上船舶溢油应急快速反应、智能交通等重大关键技术研究。与科技部合作开展交通安全专项行动，重点做好道路交通安全科技创新和技术成果推广、农村道路交通安全、预防道路交通伤害社会宣传以及驾驶员素质教育等工作。加快推进交通服务领域标准体系建设，将先进适用科技成果纳入标准规范，强化安全标准和运输服务标准，促进交通服务标准化、规范化。抓好科技示范工程，做好四川雅泸高速公路等科技示范工程和湖北神宜科技环保示范路的推广工作。

加快交通行业信息化建设。完善行业信息化标准体系，制定电子政务标准，完善交通电子政务网络基础设施。积极推动交通管理业务应用系统建设，启动交通电子口岸信息共享平台建设。

加强交通教育培训和人才培养。推进管理干部、专业技术干部、创新人才和技能型、应用型人才培养平台建设，重点加强交通管理干部培训和西部地区交通干部培训。

（六）抓好节能减排工作

制定下发交通行业贯彻《节约能源法》实施细则，落实国务院节能减排各项政策措施，全面完成国家节能减排工作方案中对我部提出的各项任务指标。组织实施交通行业节能减排中长期规划和能源统计与分析制度，对公路运输、水路运输温室气体排放对气候变化的影响进行重点分析，提出相应的对策措施，探索建立交通节能减排长效机制。继续深入研究交通行业节能减排指标体系和监测、考核体系及配套办法，出台有关标准规范。落实运输环节节能减排措施，发布营运客车、货车燃油消耗量限值及测量方法，组织实施营运车辆准入和退出制度。用先进的科学技术和管理技术武装交通设施装备，提高交通节能减排水平，推进交通发展方式转变，继续抓好交通节能减排示范项目，推出一批新产品、新技术。落实好船舶防污染、防泄漏及港口防污设施建设。努力建设节约型机关，发挥各级交通主管部门节能减排中的示范和表率作用。今年要召开全国交通行业节能减排工作会议，具体部署相关工作。

（七）抓好交通法制建设和体制改革

积极配合做好《水路运输管理条例》、《公路保护条例》、《海上交通安全法》、《海上人命搜寻救助条例》、《航道法》、《潜水条例》等法律法规的审核修改工作。进一步规范交通行政许可与行政执法，建立和完善行政执法评议考核制、行政执法过错责任追究制、行政执法责任制，加强执法人员资格、证件和执法标志管理，推进交通综合行政执法改革试点工作。建立和落实交通行政复议责任追究制度，逐步推行行政复议人员持证上岗制度。

继续推进交通管理体制改革。逐步建立产权明确、集中统一、依法监管的全国高速公路管理体制。深化收费公路管理体制改革，完善收费公路发展政策，规范收费公路建设、运营、收费、转让行为，按照“调整结构、控制规模、统贷统还、撤并站点、降低收费、政府主导、严格监管”的思路，积极推进东部地区二级公路收费站点撤并试点工作，控制其他地区二级公路收费站点数量。整合资源，加大投入，探索建立界河航道管理新模式。

（八）抓好交通对外交流合作

继续深化与周边国家的区域合作。加快中国—东盟交通合作战略规划制订，落实海运协定、港口论坛和海事定期磋商机制；推动上海合作组织公路运输通道网络化建设，落实大湄公河次区域和中亚区域交通合作战略规划，推动中韩陆海联运汽车运输合作；促进中俄重点界河桥建设，推动中巴、中吉乌、中蒙俄等重要国际公路运输通道建设。加强与发达国家的交流合作，扩大与发展中国家的交流合作。深化中美、中欧、中日、中韩、中日韩部长会议机制下的务实合作；落实与欧盟及美、加、澳、韩、挪、新等国的合作协议及中非合作论坛北京峰会成果。继续实施“走出去”战略，支持中国交通企业开拓海外市场；进一步做好 CEPA 框架下交通领域开放措施的落实工作。加大参与国际组织事务的力度。落实参与国际海事组织事务的机制和程序，深化马六甲海峡等重要能源运输通道的国际合作，分步落实亚太经合组织港口服务网络项目和亚洲公路网后续工作。积极参与 WTO 市场准入、贸易便利化和双边自贸区谈判工作；完成加入 WTO 后过渡期交通应对措施研究；完成《2006 年海事劳工公约》的研究工作，适时启动批准或加入程序；切实履行国际公约，加强相关国际便利运输公约的研究，推动加入公约的进程。探索建立交通对外咨询、教育服务培训等机制，开拓海外技术服务，加强安全、环境和可持续发展、职业教育等领域的国际合作。

（九）抓好行业文明建设

今年，我们将迎来改革开放 30 周年，交通发展在新时期取得的巨大成就源于改革开放，要总结好、宣传好、运用好交通改革开放的宝贵经验，使之成为凝聚广大交通干部职工、不断推进交通科学发展的强大力量。要以改革创新精神推进交通各级党组织建设和领导干部队伍建设，加强思想、作风、制度和反腐倡廉建设，落实科学执政、民主执政、依法执政的要求，建设服务型、节约型政府交通部门。要切实加强对深化"学树创"活动的领导，加强行业文明长效机制建设。开展文明执法主题活动，推行交通行政执法禁令和交通行政执法忌语，推出一批依法行政示范单位、文明执法示范路。开展向交通行业全国道德模范学习活动，发掘落实"三个服务"典型，开展青年文明号、青年岗位能手、巾帼建功标兵、巾帼文明岗的表彰活动。探索建设交通行业精神文明建设监督信息平台，建立精神文明建设先进集体、先进个人管理信息系统。深化交通文化研究和开展交通文化建设实践活动，实施交通文化建设"五个一"工程。关心和支持经国务院批准的上海中国航海博物馆的筹办工作，展示中华民族悠久航海历史，弘扬爱国主义为核心的民族精神。加强交通新闻宣传工作，精心筹划和周密组织好交通重大题材宣传活动。重视和加强离退休干部工作。

（十）抓好交通廉政建设

坚持标本兼治、综合治理、惩防并举、注重预防的方针，更加注重预防，更加注重治本，更加注重制度建设，扎实推进具有交通特色的惩治和预防腐败体系建设，推进交通廉政文化建设，加强反腐倡廉宣传教育。以加强交通基础设施建设领域廉政工作为重点，探索治理商业贿赂长效机制。加强行风建设，巩固治理公路“三乱”成果，切实解决群众反映强烈的突出问题。严格落实党风廉政建设责任制，认真贯彻党内监督条例，强化内部审计，加强对权力运行重点岗位、重点环节和重点领域的制约和监督。积极推进交通部门政务公开，认真组织实施《政府信息公开条例》。改进会风文风，继续推进政府职能、工作作风和方法转变，简化办事程序，减少行政审批，提高行政效能，降低行政成本。

同志们，今后一个时期交通发展的思路已经明确，2008年交通各项工作任务繁重，我们要在以胡锦涛同志为总书记的党中央领导下，认真贯彻党的十七大精神，深入贯彻落实科学发展观，求真务实，锐意进取，不断提高“三个服务”的能力和水平，加快发展现代交通业，为全面建设小康社会提供交通运输保障作出不懈努力。

参考文献

[1] 胡锦涛. 高举中国特色社会主义伟大旗帜,为夺取全面建设小康社会新胜利而奋斗. 在中国共产党第十七次全国代表大会上的报告. 2007.

[2] 中华人民共和国国民经济和社会发展第十一个五年规划纲要. 北京:人民出版社,2006.

[3] 国务院关于加快发展服务业的若干意见(国发〔2007〕7号). 2007.

[4] 李盛霖. 站在新的历史起点上,推进"十一五"交通事业又快又好发展. 2006年全国交通工作会议上的讲话.

[5] 李盛霖. 努力做好"三个服务"推进交通事业又好又快发展. 2007年全国交通工作会议上的讲话.

[6] 刘重. 现代服务业发展与预测[M]. 天津:天津社会科学院出版社,2005.

[7] 李朝鲜. 理论与量化现代服务产业发展研究. [M]. 北京:中国经济出版社,2006.

[8] 张秋生. 面向2020年的"十一五"期间中国现代服务业发展纲要研究报告[M]. 北京:中国经济出版社,2007.

[9] 亨利. 明茨伯格,布鲁斯. 阿尔斯特兰德,约瑟夫. 兰佩尔著. 战略历程:纵览战略管理学派(A guided

tour through the wilds of strategic management)[M]. 北京：机械工业出版社，2002.

[10] 魏际刚. 运输业发展中的制度因素[M]. 北京：经济科学出版社,2003.

[11] 交通部科学研究院等. 公路水路交通由传统产业向现代服务业转型战略研究报告. 2008.

[12] 交通部科学研究院，交通部规划研究院. 建设创新型交通行业发展战略研究报告. 2006.

[13] 交通部科学研究院等. 资源节约型、环境友好型交通发展模式研究报告. 2007.

[14] 交通部规划研究院等. 交通科学发展观研究报告. 2005.